Katia 1

Des femmes et des dieux

Ouvrage publié sous la direction de Jean-Baptiste Bourrat.

Les Arènes,
17-19, rue Visconti, 75006 Paris
Tél. 01 42 17 47 80
arenes@arenes.fr
www.arenes.fr

Kahina Bahloul - Floriane Chinsky - Emmanuelle Seyboldt

Des femmes et des dieux

avec la collaboration de Nicolas Torrent

Les Arènes

Prologue

23 mars 2019. Un rabbin, un pasteur et un imam sont invités par la radio Beur FM pour parler de leurs traditions religieuses. La conversation est respectueuse et attentive, les convictions s'articulent et les idées se répondent. Un échange serein, comme il en a toujours existé entre les trois monothéismes. Mais il règne sur cette rencontre une atmosphère particulière, un parfum d'inédit. De révolution, peut-être… Car nous sommes trois femmes. Trois femmes ministres du culte.

À la suite de cette émission de radio, nous avons trouvé l'occasion de nous revoir régulièrement. Floriane nous a réunies pour célébrer l'office dans sa synagogue du 20e arrondissement. À plusieurs reprises, nous avons trouvé le temps de partager un bon repas. Avec le temps s'est construit entre nous trois un espace de confiance dans lequel chacune pouvait exprimer librement ses préoccupations, ses joies, ses difficultés, professionnelles ou intimes. Et puis nous nous sommes soutenues. Kahina, qui cherchait depuis longtemps un lieu adapté pour organiser le séminaire inaugural de l'association cultuelle de la Mosquée Fatima, l'a trouvé grâce à Emmanuelle. L'événement s'est déroulé à l'église luthérienne Saint-Jean, près des Invalides. Tout un symbole. Quelques mois plus tard, dans une salle de réunion louée pour l'occasion, et humblement décorée de quelques tapis de prière, Floriane et Emmanuelle observaient émues leur amie prêcher pour la première fois. La toute première prédication d'une femme imame en France.

Chaque rencontre, chaque moment de partage, faisait germer en nous l'idée d'une aventure collective. Additionner nos recherches, nos quêtes spirituelles, ainsi que nos expériences individuelles de femmes, nous portait, nous renforçait face aux épreuves et nous donnait l'espoir que nous pourrions rayonner davantage.

L'idée s'est concrétisée lorsque Jean-Baptiste Bourrat, des éditions Les Arènes, est venu nous proposer d'écrire un livre à trois voix. Soudain, le moyen de prolonger et d'approfondir notre rencontre était à portée de main. Nous avons été accueillies dans une belle maison, sur la côte landaise, pour sept jours de partage. Jean-Baptiste, sa femme Marguerite et leurs trois enfants, Martin, Marion et Madeleine, étaient présents pour prendre soin de nous, gérer l'intendance et animer déjeuners et dîners. Nicolas Torrent aussi, qui nous a aidées à mettre en forme cet ouvrage.

Chaque matin, nous décidions du sujet que nous souhaitions aborder. La durée de nos discussions ou les temps de parole n'étaient soumis à aucune contrainte. Il nous arrivait de faire une pause pour admirer un petit écureuil qui, du haut de son pin parasol, nous interpellait en jetant sur nos genoux ses coques de noisettes. Nos débats s'achevaient lorsque nous pensions avoir fait le tour de la question. Au cours des repas en commun ou des promenades sur le bord de mer, nous reprenions certains points.

Peu à peu, les débats se sont fluidifiés. Comme dans une amitié naissante, chacune a d'abord fait l'effort de découvrir les codes des autres. Puis les complémentarités sont apparues, les points de désaccord ont été exprimés et compris. Enfin un langage commun est né, sur deux thèmes qui affleuraient en permanence : la liberté et la responsabilité.

Cette semaine de travail, d'une grande richesse pour nous trois, nous a menées au-delà de tout ce que nous aurions pu imaginer. À présent, le fruit de notre aventure est entre vos mains. Qu'il vous enrichisse autant que nous, voilà notre souhait.

Jour 1

D'où venez-vous ?
Quelles petites filles étiez-vous ?
À quel moment avez-vous décidé de devenir pasteure, rabbin ou imame ?

EMMANUELLE : Lorsque je cherche l'origine de ma vocation, je pense aussitôt à l'injustice et à la souffrance. J'étais sensible à ce que vivaient les personnes autour de moi. Par exemple, à l'école primaire, j'étais très copine avec une petite fille qui s'appelait Christelle. Dans mon souvenir, nous avions sept ou huit ans. La maman de Christelle était morte d'un cancer. Quelques mois plus tard, son père, qui travaillait sur les chantiers, a été victime d'un accident de travail et il a perdu l'usage d'un bras, sans que l'on sache pourquoi sur le moment. Son patron, qui le prenait pour un tire-au-flanc, l'a licencié. En réalité, un petit bout de verre coincé dans son bras avait échappé à la vigilance des médecins. Et puis un jour, à l'heure du déjeuner, en retournant à l'école, je suis tombée nez à nez avec des pompiers qui s'agitaient devant chez eux : la maison de ma meilleure amie était en train de brûler. Il n'y avait personne à l'intérieur, heureusement, Christelle mangeait à la cantine. Mais, arrivée à l'école, je me rappelle avoir décidé de ne pas lui en parler. Je trouvais que ça faisait trop de malheurs pour une seule personne. À mes yeux d'enfant, cette accumulation de souffrance et d'injustices ôtait au monde tout son sens. Je cherchais pourquoi vivre, et ce qui pouvait faire tenir le monde, tout simplement.

Je suis née le 18 août 1970, à Lunel dans l'Hérault, au cœur de la Petite Camargue. Mon père, professeur de physique-chimie, est issu d'une famille modeste – des artisans et des ouvriers protestants, originaires des Cévennes et de la plaine du Gard. Ma grand-mère paternelle allait au culte tous les dimanches, comme beaucoup de gens à cette époque-là. De son côté, ma mère est née et a grandi en Algérie. Fille d'un couple d'instituteurs – lui pied-noir et elle jurassienne –, elle est arrivée à Montpellier avec sa famille, à la fin de la guerre d'Algérie. C'est là qu'elle a rencontré mon père. Quelques années plus tard, nous sommes quatre enfants à la maison. Un garçon, trois filles, je suis la deuxième. Et nous grandissons entre deux piliers éducatifs fondamentaux.

Le premier est cette foi chrétienne protestante, qui nous a été enseignée dès notre plus jeune âge. D'aussi loin que je me souvienne, nous allions au temple en famille tous les dimanches. J'essayais de déchiffrer les inscriptions et les affiches sur les murs. Je garde en mémoire la voix très bienveillante du vieux pasteur que j'écoutais attentivement, même si je ne comprenais pas tout. Les cultes, qui n'étaient pourtant pas conçus pour des enfants, ouvraient l'intelligence et nous invitaient à chercher le sens des mots difficiles. Les vieux cantiques, avec leur texte très littéraire, présentaient des difficultés de compréhension que j'étais heureuse de résoudre par moi-même, au fil du temps. Par exemple, le Psaume 92 est chanté fréquemment par l'assemblée, dans cette traduction : « Oh, que c'est chose belle de Te louer, Seigneur. » Enfant, j'ai retourné ces mots dans tous les sens. J'entendais : « Oh, que *ces* choses belles... » Mais où était donc passé le verbe qui allait avec ce pluriel ? Quelle joie lorsque, enfin, je suis parvenue à résoudre l'énigme !

Le catéchisme pour les enfants s'appelle l'« école biblique ». J'aimais beaucoup y assister. On écoutait les récits tirés de la Bible, ensuite on les dessinait, ou on construisait des briques comme les esclaves hébreux en Égypte, ou on mettait les histoires en scène, on faisait du théâtre. Je trouvais ça vraiment génial ! Je me souviens d'une veillée de Noël durant laquelle je devais jouer une saynète où Jésus guérit un aveugle, et j'avais été choisie pour incarner Jésus. Nous habitions alors à Saint-Étienne. Il avait beaucoup neigé les jours précédents, et malheureusement une angine m'avait clouée au lit avec une forte fièvre. Mais il était hors de question que je n'assume pas mon rôle. Mes parents avaient fini par céder et nous avons marché sous la neige, pendant une bonne demi-heure, pour rejoindre le temple. Ce soir-là, je n'ai certainement pas soigné mon angine, mais j'ai guéri un aveugle !

Dès mon enfance, Dieu était Celui qui viendrait rétablir la justice et mettre une pointe d'espérance dans l'avenir, comme une ancre qui empêche de dériver, ou un phare dans la nuit qui permet de retrouver son chemin. Ce phare me disait : un jour, la justice sera accomplie, un jour viendra la consolation, un jour les opprimés seront libérés et ceux qui souffrent seront guéris. Pour moi, il n'y avait pas d'autre possibilité pour que le monde tienne debout, pour que ma vie tienne debout, pas d'autre issue que l'existence de Dieu et l'assurance qu'Il viendra rétablir la justice. En grandissant, j'ai compris que Dieu avait besoin de mes propres forces, de mon intelligence et de mes mains pour combattre l'injustice.

Le second pilier de notre éducation, la musique, a joué un rôle essentiel dans la construction de mon lien à l'Église. Nous sommes tous entrés au conservatoire dès l'âge de sept ans, et d'ailleurs mes trois frères et sœurs sont devenus musiciens professionnels. Alors que j'avais douze ans, l'organiste de la paroisse, qui commençait à perdre la vue, m'a demandé de la remplacer pour accompagner le culte. Elle avait été mon professeur de piano, et je dois dire que c'était assez intimidant de jouer tous les dimanches alors qu'elle était présente dans l'assemblée. Très vite, j'ai aussi intégré la chorale de la paroisse, dirigée par mon père. On peut dire que la musique occupait une grande partie de notre vie ! Mes frères et sœurs et moi, nous jouions très régulièrement ensemble.

En fait, il m'est impossible de vous dire à quand remonte ma vocation. Lorsque j'étais au CE1 (à l'école publique), l'instituteur avait demandé aux enfants d'écrire sur un petit papier le métier que chacun souhaitait exercer plus tard, et j'avais inscrit « pasteur ». L'instituteur avait convoqué mes parents, sans doute parce qu'il ne comprenait pas comment une petite fille pouvait imaginer devenir pasteur. Ils lui ont expliqué qu'il n'y avait aucune raison de s'inquiéter, que tout cela était normal, et tout est rentré dans l'ordre.

Ensuite, rien n'est venu me faire dévier de cette vocation. Le seul obstacle dont je me souvienne : vers l'âge de seize ans, j'avais voulu partir en Sicile rejoindre le centre international Agapè, fondé par le pasteur italien Tullio Vinay pour lutter contre la misère économique et le pouvoir de la mafia. Bizarrement, mes parents ne m'ont pas laissée partir ! (Rires.) À dix-neuf ans, je suis entrée à l'Institut protestant de théologie de Paris. Après cinq ans d'études, je suis passée devant la commission des ministères de mon Église, et j'ai été agréée. J'ai fait le stage probatoire de deux ans à la paroisse de Saint-Laurent-du-Pape (ça ne s'invente pas !), en Ardèche. Comme vous pouvez le constater, mon parcours est parfaitement linéaire. Jamais je n'ai pensé exercer un autre métier. Jamais personne ne m'a empêchée de le faire.

Et puis je me suis mariée, une première fois. Mon mari était pasteur lui aussi. Nous avons eu quatre enfants, mais nous avons fini par divorcer. Épisode douloureux sur lequel je reviendrai peut-être dans un autre chapitre. Quoi qu'il en soit, en 2006, j'ai croisé par hasard un copain de fac, Andreas, avec qui je m'entendais bien. J'étais divorcée, lui aussi. Tous les deux nous avions fait pas mal d'erreurs dans nos mariages respectifs. Il avait lui-même trois enfants. Alors nous avons décidé de mettre ces expériences en commun. Nous nous sommes mariés à Cavaillon, et du jour au lendemain nous nous sommes retrouvés sous le même toit avec sept enfants, de cinq à quatorze ans. Et même bientôt huit, puisqu'en en 2015 nous avons reçu un appel de la

Cimade[1] : Jenny, une jeune fille de quinze ans, originaire de République démocratique du Congo, n'avait nulle part où dormir. On nous demandait de l'héberger le temps de trouver une solution. Elle n'a plus voulu repartir, et nous l'avons adoptée.

Pasteur lui aussi, Andreas était responsable d'une paroisse. Heureusement, dans un premier temps, l'Église m'a proposé des postes que je pouvais assumer en télétravail. Pendant sept ans, j'ai rédigé le journal des Églises protestantes de la région PACA, tout en m'occupant des enfants. En 2013, on m'a appelée à la présidence de la région Est de l'Église. Nous avons donc déménagé à Besançon. Et en 2017, j'ai été sollicitée pour prendre la présidence du Conseil national de l'Église protestante unie de France. Voilà, vous savez l'essentiel !

FLORIANE : Je veux participer à ce « projet divin » même si « dieu » n'existait pas. Cela peut paraître un peu étrange mais énormément de juifs se retrouvent dans cette approche qui, finalement, est assez cohérente : que l'Éternel soit avec moi ou pas, je fais le boulot. L'important n'est pas vraiment

---

1. Cimade (Comité inter-mouvements auprès des évacués) : association française d'origine protestante. Elle est née en 1939 à l'initiative des mouvements de jeunes protestants (étudiant·es, éclaireur·reuses unionistes, Union chrétienne de jeunes gens / de jeunes filles) pour prendre soin des Alsaciens et Mosellans déplacés dans le centre et l'ouest de la France. Quand le système d'internement administratif des Juifs et des opposants au régime nazi se développe en France, la Cimade obtient d'entrer dans les camps pour prodiguer soins et soutien aux personnes enfermées. À partir de 1942, la Cimade organise des filières d'évasion vers la Suisse. Depuis les années 1950, son activité est orientée vers l'accueil et l'accompagnement des personnes migrantes en France.

de savoir s'il existe. L'important est que je contribue à redéfinir le monde et, tant que je m'y emploie, il est à mes côtés, qu'il existe ou non. Pour faire écho à ce que tu disais de ton enfance, Emmanuelle, j'avais moi aussi une haute idée de la justice et une grande allergie à la violence. C'est souvent le contraste entre les espoirs et les réalités qui donne la force d'ouvrir de nouveaux horizons.

Je suis née le 12 janvier 1974 à Paris. Ma mère était responsable d'un service contentieux aux Assedic de Paris et prenait son travail très au sérieux, toujours à l'écoute des besoins des gens. L'une de ses grandes fiertés est d'avoir réussi à faire financer le rachat d'une planche à clous pour un fakir. C'était évident et essentiel, mais pas si simple à défendre. Mon père était enseignant-chercheur en physique. Pour vous donner une idée de son tempérament, il avait réussi à monter un projet de collaboration universitaire avec la Tchécoslovaquie, et régulièrement des étudiants envoyés par le régime communiste débarquaient dans notre petit appartement du 11e arrondissement. En somme, il y avait dans l'éducation que nous avons reçue, mes deux jeunes frères et moi-même, un rapport au monde à la fois généreux et très égalitaire. Nos parents nous faisaient participer à leur engagement au sein de la FCPE[2] et aux manifestations pour l'enseignement. Décontenancée par la violence à l'école, j'ai d'ailleurs organisé à l'âge de sept ans une marche pacifiste dans la cour, avec l'assentiment de la maîtresse qui avait encouragé les élèves à fabriquer des pancartes et

---

2. Fédération des conseils des parents d'élèves : une des associations qui permettent aux parents d'agir pour défendre les conditions d'étude des enfants.

des banderoles pour défiler. Autre point essentiel de mon éducation : j'ai été élevée non comme une petite fille, mais comme un être humain. À trois ans, je participais aux travaux de bricolage avec mon père, je jouais avec la chignole, et ça ne posait aucun problème. J'ai brisé de nombreuses mèches, mais ça en valait la peine. Rien ne m'était interdit ou conseillé parce que j'étais une fille. Jusqu'à l'adolescence, j'ai donc été une enfant assez confiante.

Notre pratique du judaïsme était, comme pour beaucoup de juifs, synonyme de partage et de joie. Nous faisions chabbat tous les vendredis soir, avec l'allumage des bougies accompagné de chants et de danses, la bénédiction du vin et du pain, et un délicieux repas. La synagogue, nous y allions surtout pour les fêtes, et je me souviens qu'avec mes frères il nous arrivait de chanter plus fort que l'officiant si l'air qu'il entonnait ne nous convenait pas. (Je ne conseille pas aux personnes participant à mes offices d'en faire autant avec moi !) Ce jeu reflétait bien notre état d'esprit : nous étions libres et enthousiastes. Mes parents en profitaient pour nous enseigner quelques mots d'hébreu, faciles à identifier dans les livres de prières, et, lorsque nous avions acquis des rudiments d'alphabet hébraïque, nous nous entraidions pour suivre les parties les plus rapides de l'office. J'ai encore en mémoire les formidables célébrations de Kippour au Palais des Congrès avec l'ULIF[3]. Émile Kaçmann transformait cette salle de spectacle en lieu

3. Union libérale israélite de France, synagogue de la rue Copernic. Copernic est la première synagogue libérale fondée en France, en 1907. Aujourd'hui, elle est intégrée au rassemblement de synagogues Judaïsme en mouvement.

de spiritualité. J'avais l'impression d'entendre le Sarastro de *La Flûte enchantée* m'inciter à me redéfinir, m'enjoindre au courage et au dépassement de moi-même, comme on le fait à cette période de l'année.

Et puis, en grandissant, j'ai été rattrapée peu à peu par le poids des injustices et le sentiment d'impuissance. J'ai commencé à entendre des phrases du type : « Ah ! mais tu es une fille, donc tu ne peux pas faire ça ! » À l'âge de douze ans, j'ai célébré ma bat-mitsva à la synagogue de la rue Copernic, j'ai pu prononcer certaines prières seule face à l'assemblée, lire l'extrait hebdomadaire tiré des Prophètes qu'on nomme la Haftara. La cérémonie me semblait équivalente à celle des garçons et pourtant, à l'époque, on faisait bien une différence. Les garçons lisaient dans les rouleaux de la Torah et, ensuite seulement, les filles cantilaient un extrait des Prophètes. La Torah est un texte sans voyelles et sans ponctuation, si difficile à déchiffrer que le lecteur doit être assisté de deux personnes pour l'aider à lire. La lecture des Prophètes est moins compliquée pour les hébraïsants, et aucune aide particulière n'est prévue ; mais les jeunes filles et garçons qui célèbrent leur bat- ou bar-mitsva n'ont pas encore un niveau assez élevé et les deux exercices sont difficiles. Alors, tout en écoutant solennellement les garçons lire dans la Torah, je sentais se resserrer sur moi la tenaille du stress. Lorsque mon tour est venu, je me suis retrouvée seule à la tribune avec mon texte, chancelante, obligée de m'agripper au pupitre. Et puis mes premiers mots, timides, tremblants, ont petit à petit laissé place à une voix de plus en plus claire. J'ai pris de l'assurance, et chanter ce merveilleux texte a été au final un immense plaisir qui se réactive chaque fois que je relis un extrait de la Haftara à la synagogue. Cette expérience, qui pourtant m'avait partiellement mise au second plan, m'a finalement donné une grande confiance concernant mon rôle dans le judaïsme. Le judaïsme comptait beaucoup pour moi et, lorsque ma synagogue m'a demandé de donner des cours aux plus jeunes, j'ai accepté. J'avais seize ans à l'époque et j'ai continué à enseigner jusqu'à mon départ pour Israël, des années plus tard.

Difficile de décortiquer l'impact de ces expériences-là sur ma construction personnelle. Mais, devenue jeune adulte, j'ai connu une autre synagogue, récemment créée, dans laquelle on m'accordait enfin une place entière et totale. On m'a proposé de monter à la Torah, et j'ai d'abord refusé. Une fois. Deux fois. Trois fois. Finalement le rabbin, Rivon Krygier, m'a dit : « Ah, j'observe que tu ne veux pas monter à la Torah. Quelles seraient tes raisons ? » La raison, il devait bien s'en douter, était très simple : en tant que femme, je ne l'avais jamais fait et je n'étais pas certaine de vouloir le faire. Il m'a enseigné les éléments juridiques liés à la montée à la Torah et m'a appris à lire le texte. L'apprentissage du chant était très intéressant et la lecture directe dans le rouleau très émouvante.

À l'adolescence, en intégrant les Éclaireuses et Éclaireurs israélites de France[4], j'ai côtoyé des Juifs de tous horizons. Dans certains camps d'été, l'égalité filles-garçons était parfaite. Et puis parfois, ce n'était pas le cas. Quelques jeunes

---

4. Association juive du scoutisme français. Créée en 1923 par Robert Gamzon, bientôt rejoint par Léo Cohn.

reproduisaient ici et là des comportements sexistes. J'ai découvert avec surprise que, à la synagogue, on séparait les hommes des femmes. Lors d'une célébration à la mémoire d'un défunt, une personne m'a interpellée pour me signifier que j'étais installée dans le coin des hommes : « Va de l'autre côté ! » – la phrase claque encore à mes oreilles. Jamais, dans aucun contexte, je n'avais été discriminée d'une façon aussi directe. Je me suis sentie à la fois honteuse d'avoir « commis une erreur », et révoltée de devoir être séparée.

Parfois, lorsque je racontais des histoires du Talmud qui m'avaient été transmises par mes parents, on me répondait : « Ce n'est pas vrai ! Cette histoire n'existe pas. » Pire, j'ai entendu certains rabbins dire publiquement que les Juifs ashkénazes étaient morts pendant la Shoah parce que la justice divine les trouvait trop libéraux, pas assez pratiquants. Et moi, face à de telles horreurs, je ne me posais qu'une seule question : « Si l'Éternel existe, comment peut-il (ou elle) laisser dire des choses pareilles en son nom ? Est-ce qu'on peut vraiment raconter n'importe quoi, au nom de n'importe quoi ? » Comme j'adhérais pleinement au judaïsme humaniste qui m'avait été transmis dans ma famille, j'ai commencé à examiner par moi-même les textes. Je voulais savoir ce que disaient les sources et quelle était la légitimité de la tradition que j'avais reçue. C'est l'une des raisons qui m'ont poussée à entreprendre des études rabbiniques. Heureusement, j'ai fini par trouver les réponses que j'attendais ; le judaïsme que j'enseigne est réel, sérieux, et correspond même au courant dominant sur le plan historique et sociologique. Qu'aurais-je fait si la tradition avait désavoué mon judaïsme familial ? Difficile à dire. J'aurais peut-être quitté le judaïsme, comme beaucoup le font. Une seule chose était vraiment claire dans ma tête : je n'aurais pas pu adopter ce judaïsme étroit que certains cherchaient à m'opposer.

Parallèlement, scolarisée dans le public, j'ai commencé à tester les limites de la compatibilité entre la pratique du judaïsme et les contraintes de la laïcité. J'ai d'abord évité de prendre des notes le samedi, tout en assistant aux cours. Le concierge du lycée avait même accepté de garder mon cartable le vendredi soir, pour que je n'aie pas à le porter pendant le chabbat. Je le reprenais à la loge le samedi matin pour les cours, je le redéposais à midi et le récupérais le lundi. C'était assez folklorique, et vraiment gentil de la part du concierge. (Rires.) En terminale, filière scientifique, j'avais des cours importants le samedi matin : deux heures de mathématiques, deux heures de physique. Situation compliquée. Mais le professeur de mathématiques était très compréhensif. J'arrivais en classe, je lui rappelais que j'étais ennuyée car c'était chabbat, et il m'autorisait à partir. Donc, au lieu d'aller au lycée, je me rendais à la synagogue ultra-orthodoxe de la rue Pavée. Mais lorsque je rentrais à la maison le samedi midi, et que mes parents me demandaient si tout s'était bien passé, je jouais les ingénues. « Oui, maman, très bien, aucun problème ! » Ils ne se doutaient pas une seconde que je revenais de la synagogue. Finalement, j'ai obtenu mon bac largement et mes parents ont dû ravaler le discours de remontrances qu'ils avaient préparé en prévision de mon échec. J'ai poursuivi mes études à Paris II, où j'ai décroché une maîtrise en droit et un DEA de sociologie du droit.

Vers l'âge de vingt ans, j'ai découvert la synagogue Massorti du rabbin Krygier, que j'ai mentionné tout à l'heure. J'ai vu qu'on y menait un vrai questionnement sur le judaïsme, dans une grande liberté intellectuelle, un engagement profond vis-à-vis de la tradition, ce qui m'a beaucoup touchée. Comme je l'ai dit, c'est dans cette synagogue que je suis montée à la Torah pour la première fois, et c'est à partir de là que tout s'est mis en place. J'ai commencé à envisager la possibilité de devenir rabbin. Je suis allée en Israël apprendre l'hébreu. De retour à Paris pour mon DEA, je me suis mariée. L'année suivante, nous sommes retournés à Jérusalem, mon mari et moi, pour mon rabbinat. En mai 2000, nous avons mis au monde une merveilleuse petite fille, devenue depuis une femme engagée, forte, libre et aimante. En 2005, j'ai reçu mon ordination.

Vous le comprenez, devenir rabbin n'avait rien de simple. C'est en étudiant les écrits que j'ai trouvé la légitimité de ma démarche. J'ai pris conscience que les femmes pouvaient vivre pleinement un engagement fort, exactement au même titre que les hommes. En tant qu'étudiante, j'ai d'abord cherché un modèle auquel m'identifier. À l'âge de vingt-six ans, j'ai été invitée par le mouvement Massorti[5] à New York pour célébrer l'accession de la cent vingtième femme au rabbinat. Il s'agit d'un chiffre symbolique qui revient souvent dans la tradition juive. Je me suis donc retrouvée dans un rassemblement de cent vingt femmes rabbins, et ce jour-là j'ai découvert qu'il n'y a pas de modèle.

---

5. La tendance « Massorti » est héritière de l'approche historico-critique de Zecharias Frankel au milieu du XIXe siècle.

Les femmes étaient sur le devant de la scène ou en retrait, actives dans des synagogues, des écoles, des universités, des hôpitaux, des prisons et même dans l'armée américaine. Leurs voix étaient fortes ou douces. Certaines d'entre elles paraissaient soigneuses de leur habillement, d'autres pas. Il y avait des méditatives, des sportives, des intellectuelles, des fonceuses, des poétiques. Chacune avait inventé sa façon d'être rabbin. Ce fut là un constat profondément libérateur pour moi. La question n'était plus « à quelle femme rabbin dois-je ressembler ? », mais tout simplement : « qui suis-je ? », « quel type de rabbinat voudrais-je développer ? », « qu'est-ce qui peut émaner de moi ? »

Aujourd'hui, je suis rabbin, et ma vie entière est guidée par cette conviction que je cultive depuis mon plus jeune âge : la NonViolence[6]. C'est-à-dire le respect de la liberté de l'autre et le refus de faire pression ou d'exercer toute forme de contrainte sur autrui. Deux formidables outils continuent de m'accompagner sur ce chemin. D'abord ce que j'ai appris grâce à ma fille. Elle m'a largement prouvé qu'élever un enfant sur la base du respect fonctionne absolument ; ce n'est pas une utopie, mais le fondement d'une qualité relationnelle exceptionnelle. En la laissant grandir en liberté, j'ai vu se développer en elle des qualités qu'ensuite j'ai cherché moi-même à acquérir, et dont je

6. Marshall Rosenberg est le fondateur de la Communication NonViolente, et il écrit NonViolence avec des majuscules pour la lisibilité mais en attachant les deux mots car il ne s'agit pas du contraire de la violence, mais d'une chose en soi, qui est la « nonviolence » et que le français ne permet pas de nommer avec suffisamment de clarté. J'ai découvert il y a dix ans sa façon limpide de décrire la NonViolence, qui correspond bien à la mienne.

me suis beaucoup inspirée. J'ai acquis une confiance renforcée dans le respect profond de l'autre et de sa sagesse ; l'autre a raison pour lui-même. Le deuxième outil qui m'a profondément transformée est l'Écoute mutuelle, que j'ai étudiée en Israël. Elle permet de développer librement tous les aspects de sa personnalité, d'acquérir confiance et liberté, d'apprendre l'attention aux autres sans en faire une affaire personnelle. Basée sur l'écoute réciproque et la sensibilité aux émotions, cette pratique permet de désamorcer bien des situations. Je vais vous donner un exemple. Lors de mon divorce à Jérusalem, je me suis retrouvée devant des rabbins très hermétiques aux réalités que nous vivions, très durs dans leurs exigences rituelles. Mon ex-mari devait répéter exactement des formules longues et compliquées en araméen. Eh bien, ce jour-là par exemple, l'Écoute mutuelle m'a permis de garder mon calme, de ne pas désespérer, de me concentrer sur le processus en cours – la prononciation du divorce –, d'avoir le courage de prendre la parole. Ce n'était pas simple pour une femme seule dans un cadre masculin dirigé par des hommes imbus de leur autorité et fermés sur eux-mêmes. J'ai pu résister à ces pressions, me mettre en avant et apporter de la patience et de la douceur. J'ai pu parler avec fermeté et calme, créer un espace pour que tout se passe bien. L'Écoute mutuelle m'a aidée à trouver de la force avant, à l'exprimer efficacement pendant, et à rétablir mon équilibre après. Je garde une infinie reconnaissance à tous ceux, à toutes celles qui m'ont formée. Voilà ce que je peux dire de mon parcours.

KAHINA: Je suis née à Paris en 1979 et j'ai grandi en Algérie, entre un père algérien et une mère française, très entourée par mes grands-parents. Ils étaient algériens musulmans du côté paternel, français du côté maternel, lui catholique, elle juive d'origine polonaise. Du côté paternel, mes grands-parents ont traversé la colonisation et la guerre d'indépendance, avec le fardeau de traumatismes et d'humiliations qu'une telle histoire comporte. Berbères mystiques de Kabylie, ils appartenaient à une lignée de *walî*, « proche de Dieu », qu'on appelait *m'rabet*, mot qui en français a donné « marabout ». Ce terme, auquel la condescendance coloniale a associé le charlatanisme et la sorcellerie, contient en réalité un caractère de sainteté, une forme de sagesse héréditaire. Mes souvenirs d'enfance sont teintés du profond respect que les gens du village avaient pour eux. Lorsqu'on les abordait dans la rue, j'entendais leurs noms systématiquement précédés de *sîdî*, « monseigneur », et *lâlla,* « madame ». Ce couple d'« indigènes », comme tous ceux de leur époque, n'avait pas eu accès à l'école républicaine. L'analphabétisme les tenait donc éloignés des livres, mais la tradition orale « maraboutique », transmise de génération en génération depuis des siècles, leur apportait les valeurs morales grâce auxquelles l'être humain s'élève : l'éthique, la probité, l'honnêteté. Je me souviens que j'accompagnais avec beaucoup d'enthousiasme mon grand-père à la mosquée pour la prière de l'Aïd parce que c'était un moment de partage transgénérationnel. Les adultes donnaient la pièce aux enfants, on riait, on chantait, on jouait tous ensemble. Voilà l'islam dans lequel je suis née. Très loin de la pesanteur ritualiste que l'on observe souvent dans l'islam d'aujourd'hui, notamment dans les médias

Ma grand-mère maternelle a connu la Shoah mais n'en parlait jamais. Elle appartenait à cette génération de Juifs ashkénazes prêts à tout pour s'assimiler, passer inaperçus. Mon grand-père maternel était français catholique.

Deux axes, donc, structurent ma petite enfance. D'une part, l'amitié profonde qui unissait mes quatre grands-parents, et qui a certainement façonné mon regard sur l'altérité et sur la possibilité de conjoindre en soi tant de diversité. D'autre part, ce premier contact avec la religion, à travers l'islam que je viens de décrire, plein de beauté, d'humanité, empreint de valeurs humanistes universelles. Néanmoins, il n'existait alors aucune femme ministre du culte. À sept ans, il m'était donc impossible d'imaginer devenir imame, puisque cela n'existait pas. C'était impensable, inaccessible, je ne me posais même pas la question.

Ensuite l'Algérie a sombré dans ce qu'on a appelé la « décennie noire » (1991-2002), une période qui a généré en moi beaucoup de questionnements au sujet de la religion. Le passage de celle que j'avais connue petite, faite de générosité et de solidarité, à celle dont se sont revendiqués les intégristes, notamment les Frères musulmans, a provoqué en moi une grande remise en question. Du jour au lendemain, les femmes étaient contraintes de porter le voile pour protéger leur vie. Des villages entiers ont été massacrés en une nuit, on a découvert des charniers, des puits remplis de centaines de cadavres. J'ai assisté de l'intérieur à ce basculement de la société algérienne dans la plus extrême violence. Tous les soirs, nous suivions le journal télévisé qui égrenait les attentats de la journée, le nombre de morts, les noms des intellectuels froidement exécutés dans les rues d'Alger ou d'ailleurs.

À l'adolescence, j'ai vu l'arrivée des premiers foulards islamiques dans notre petit village de Kabylie, coïncidant avec l'apparition de cassettes VHS ou audio sur lesquelles des prédicateurs intégristes racontaient leurs croyances punitives. Ils décrivaient les châtiments de la tombe, l'ange de la mort qui va nous pendre par les pieds, les yeux, les oreilles… Impossible d'échapper à leurs délires : on croisait toujours quelqu'un qui avait vu la cassette et qui rapportait ce qu'il en avait retenu. Cette redoutable propagande artisanale, orchestrée par les Frères musulmans, a fini par m'atteindre, moi aussi. J'ai commencé à me demander si j'étais une bonne musulmane, si en refusant de porter le voile je ne risquais pas de déplaire à Dieu. Question terrible pour une jeune fille de quinze ans, qui suivait la scolarité publique algérienne depuis son plus jeune âge. L'Algérie étant un pays musulman, non laïc, les enfants y étudient le Coran et l'histoire des Prophètes, de l'école primaire jusqu'au lycée. Comment gérer cet écartèlement entre ma culture familiale, l'enseignement scolaire et la terreur semée par la propagande islamiste ? Je n'avais pas encore conscience de la manipulation politique dont était victime ma religion.

Après le bac, je me suis orientée vers une maîtrise de droit. J'ai étudié en particulier ce qu'on appelle le « statut personnel », une branche du droit civil qui touche à l'état de la personne, à son statut familial et successoral (mariage, divorce, filiation, succession, etc.), et qui s'inspire du droit musulman. Ces études m'ont surtout permis de développer une grande maîtrise de la langue arabe, essentielle pour lire les textes fondateurs dans leur version originale. C'est à ce moment-là que j'ai commencé à ouvrir les yeux, à me poser beaucoup de questions sur l'interprétation des textes. La polygamie, par exemple, était légale en Algérie : un homme pouvait épouser quatre femmes, ce qui était interdit en Tunisie. Deux lois parfaitement opposées, pourtant fondées sur le même verset coranique :

> Et si vous craignez de n'être pas équitables envers les orphelins… alors épousez, comme il vous plaira, deux, trois, quatre, parmi les femmes, mais si vous craignez de ne pas être justes, alors une seule, ou des esclaves que vous possédez ; et cela est plus à même à ce que vous ne vous écartiez pas du juste (S4:V3).

Ce qui saute aux yeux, d'emblée, c'est la complexité du texte. Par ailleurs, il est important de souligner que ce verset s'insère dans un long développement dont l'unique sujet est la protection des orphelins. D'où l'importance d'une analyse approfondie qui prenne en compte le contexte général du texte, la sémantique, le lexique. C'est ce qu'on appelle l'approche historico-critique du texte, on y reviendra. À partir de là, j'ai réalisé que, si au cours des siècles, on avait confié l'interprétation des textes à davantage de femmes, on aurait abouti à une conception certainement bien plus égalitaire entre hommes et femmes. Peut-être aurait-on accordé aux orphelins plus d'attention qu'au nombre d'épouses. Je prends cet exemple car il illustre assez bien ce que je ressentais à l'époque.

En 2003, je me suis installée en France, cadre dans une compagnie d'assurances. J'ai découvert la liberté de mouvement, de pensée. J'ai appris et savouré cette liberté. Hélas, en 2010, mon père est tombé gravement malade, atteint d'une forme de cancer foudroyant. Devant cet homme que j'aimais de tout mon cœur et que je voyais partir, j'ai éprouvé un immense besoin de spiritualité. Alors, très naturellement et progressivement, je suis revenue à la religion qui me semblait la plus proche de moi, que je n'ai jamais quittée au fond de mon cœur car j'ai toujours eu la foi en Dieu. Je retrouvais dans l'islam toutes mes appartenances religieuses : le judéo-christianisme de mes grands-parents français et la tradition musulmane de mes grands-parents algériens. Chaque matin, en allant rendre visite à mon père à l'hôpital, je me suis mise à réciter la Fâtiha, la première sourate du Coran, moi qui avais cessé de parler arabe depuis des années. Ravagée par le chagrin, je cherchais le sens de la vie et de la mort, j'avais besoin de réponses à mes questions. Malheureusement, l'islam tel qu'il s'exprime aujourd'hui ne m'en apportait pas assez. J'ai cherché ailleurs, j'ai tâtonné, je me suis intéressée au bouddhisme, à la philosophie. Et puis un jour mon médecin traitant, une femme chrétienne extraordinaire, m'a conseillé d'aller voir du côté du soufisme. Ce fut une révélation. J'ai retrouvé là toute la sagesse de mes grands-parents.

Parallèlement, j'ai repris un cursus académique en islamologie. J'ai commencé par pousser la porte d'un institut de théologie d'une mosquée à Paris. J'y ai trouvé un enseignement traditionnel très conservateur, les mêmes méthodes, la même façon de lire les textes qu'en Algérie.

Une fois, on m'a signifié que je devais porter le voile à l'intérieur de l'institut, ce que j'ai fait pendant une semaine. En entrant je mettais un voile, en sortant je le retirais. Je me sentais très mal à l'aise, pas à ma place, d'autant plus que je cherchais à dépasser l'enseignement des préceptes religieux et la jurisprudence musulmane parce que j'avais besoin d'une approche philosophique de la religion. J'ai arrêté de suivre les cours de cet institut, tout en continuant mes recherches. D'abord je me suis simplement tournée vers les livres des grands penseurs musulmans. C'est alors que j'ai entendu parler du cursus de l'École pratique des hautes études de Paris (EPHE). C'est là que j'ai trouvé enfin la réponse ; une exploration des différentes disciplines de la religion, de la mystique à l'étude historique, permettant de découvrir l'évolution de la pensée musulmane des premiers textes jusqu'à aujourd'hui. Une analyse de l'évolution de la religion musulmane à travers les siècles. J'étais à la fois heureuse de suivre cet enseignement et triste de constater qu'il n'était réservé qu'à une toute petite minorité.

Et puis, en 2015, comme tous les musulmans du monde, j'ai été rattrapée par l'Histoire. L'intégrisme islamiste que j'avais connu en Algérie devenait un phénomène planétaire. C'est à ce moment-là qu'a surgi pour moi, comme une évidence, la question de la transmission : comment faire pour retrouver et montrer le vrai visage de l'islam – qui comme toute religion est avant tout un message de paix et d'amour –, pour aider l'être humain à se réaliser ? Au fil de mes lectures, j'ai croisé le chemin de deux femmes, deux pionnières : Amina Wadud, l'islamologue américaine devenue en 2005 la première imame au monde de l'époque contemporaine, et Sherin Khankan, qui a inauguré sa mosquée au Danemark en 2016. Grâce à elles, pour la première fois, je me suis autorisée à imaginer : « Et si je devenais imame ? » Leur parcours répondait à deux problématiques centrales dans ma religion : les dérives fondamentalistes, et l'injustice faite aux femmes à l'intérieur même de l'islam.

Alors, au début de 2020, Faker Korchane, professeur de philosophie avec qui j'avais étudié à l'EPHE, et moi, nous avons inauguré une mosquée libérale et mixte baptisée Fatima. Le port du voile y est facultatif, hommes et femmes prient ensemble dans la même salle, et les prêches y sont assurés alternativement par Faker et moi-même. Toute mon action aujourd'hui est guidée par cette conviction : le patriarcat n'est pas une religion. Le patriarcat n'est pas un fondement de l'islam. Il a été introduit dans la religion par des lectures humaines, des lectures masculines exclusives. Et je veux contribuer à un changement de paradigme.

Jour 2

Vos religions et traditions sont imprégnées d'un patriarcat qui s'est construit durant plusieurs siècles, voire plusieurs millénaires. Comment concevez-vous les choses pour vous et vos communautés aujourd'hui ?

EMMANUELLE : Dans la société française, la religion est généralement associée à l'image d'un système patriarcal, oppressif, qui a engendré des guerres impitoyables et ensanglanté la France pendant des décennies. Comment une femme pourrait-elle se sentir appelée à prendre la responsabilité d'une communauté religieuse ? Comment une femme pourrait-elle un jour avoir l'idée de devenir pasteure en France ? Pour comprendre mon cheminement, si vous le voulez bien, je vous propose un petit cours d'histoire accéléré. En 1517, le moine, prêtre et professeur de théologie Martin Luther prépare une leçon pour ses étudiants de l'université de Wittenberg sur la Lettre de Paul aux Romains, un des livres du Nouveau Testament. En étudiant ce texte,

Luther comprend que c'est Dieu qui rend les humains justes en Jésus-Christ, et qu'ils n'ont plus à « gagner leur salut », mais seulement à le recevoir et à en vivre. Cette révélation a de grandes conséquences sur sa compréhension de la foi et de l'Église. Excommunié par le pape, Luther est pourtant rejoint par des prêtres et des responsables politiques. C'est le début de la Réforme protestante. Dans cette nouvelle Église qui s'organise, il n'y a pas de prêtre, pas d'intermédiaire entre Dieu et l'être humain. L'accent est mis sur la lecture de la Bible par tous, hommes, femmes et enfants, lecture personnelle et aussi communautaire. Les pasteurs sont simplement ceux qui, ayant suivi une formation particulière, sont capables d'accompagner la communauté dans sa lecture. Donc en théorie, hommes et femmes peuvent devenir pasteur·es. D'ailleurs au début de la Réforme, des femmes prêchaient et animaient des réunions de prière. Mais cet usage n'a pas duré très longtemps. Pourquoi ? Sans doute parce que l'organisation patriarcale qui à l'époque structurait la société a eu raison de la liberté d'organisation de l'Église. Toutefois, l'exigence que le texte biblique soit lu par soi-même a eu pour conséquence d'étendre l'instruction à toutes les femmes dans les familles protestantes, en principe même les plus modestes. Les effets s'en font sentir non seulement dans les familles, mais aussi dans les groupes sociaux où le protestantisme est majoritaire. On assiste à des innovations notables dans les domaines de l'éducation ou des soins, deux secteurs où les femmes protestantes sont particulièrement investies.

Au début du XXe siècle, les femmes commencent à suivre des études supérieures, également dans les facultés de théologie protestante. Quelques femmes remplacent les pasteurs partis au front durant la Première Guerre mondiale. Le conflit terminé, elles gardent leurs activités en tant qu'« assistantes de paroisse ». La Seconde Guerre mondiale voit cette évolution s'intensifier en France, même si, au contraire des États-Unis ou du nord de l'Europe, il n'y a pas encore de femmes pasteures.

La personnalité phare dans l'Église réformée de France s'appelle Élisabeth Schmidt. Elle a commencé à exercer le ministère pastoral dès 1936 dans les Cévennes, puis au camp de Gurs en 1941 avec la Cimade, à Sète (1942-1958), à Blida en Algérie (1958-1963), enfin à Nancy jusqu'à sa retraite en 1972. En 1949, à la demande des paroissiens sétois qui ne souhaitaient pas changer de ministre après la guerre, elle est consacrée pasteure « à titre exceptionnel », avec néanmoins l'obligation de rester célibataire, ce qui n'avait jamais été imposé aux pasteurs hommes. Ce n'est qu'en 1966 que la direction de l'Église réformée de France, le synode national, donne son accord à l'accession des femmes au ministère pastoral, et cette fois-ci sans restriction !

Pardon pour la brièveté de ce survol historique ! Ce que je voulais souligner, c'est qu'à ma naissance il y a déjà des femmes pasteures que je peux prendre comme « modèles ». Je n'ai pas l'impression d'accomplir un acte de transgression en voulant devenir pasteure. D'ailleurs, dès mes seize ans le pasteur de ma paroisse m'encourage à prêcher. Il m'accompagne lui-même à la faculté de théologie pour m'y inscrire. J'exerce depuis 1994, après avoir obtenu une maîtrise en théologie et avoir été agréée par la commission des ministères de mon Église, d'abord en Ardèche, puis à

Châtellerault, et comme aumônier de l'hôpital de Poitiers. J'ai occupé différents postes (responsable de la catéchèse, rédactrice d'un journal de l'Église pour une région). La suite, je l'ai déjà mentionnée: en 2013, tout en étant pasteure à Besançon, j'ai été appelée au poste de présidente du conseil régional de la région Est de l'Église; puis, en 2017, à celui de présidente du Conseil national. Bref, je le répète, jamais personne ne m'a mis de bâtons dans les roues au prétexte que je suis une femme.

Enfin, je trouve important de préciser que je n'ai jamais aspiré ou cherché à obtenir tel ou tel poste. C'est toujours l'Église qui m'a sollicitée. Il s'agit d'un travail de discernement qui est confié à une commission. Cette commission élabore des critères, puis cherche les personnes répondant à ces critères. Enfin, elle en soumet la liste au Conseil national qui choisit l'ordre d'appel des sélectionné·es. On est libre d'accepter ou de refuser la proposition.

Il me semble que cette disposition donne, finalement, une très grande liberté dans l'exercice du ministère. Il n'y a pas de place pour une quelconque ambition. Quand le président en exercice est venu me dire: «La commission de nomination t'appelle à te rendre disponible pour l'élection à la présidence du Conseil national», sur le coup je n'ai rien compris. J'avais l'impression brusquement que la maison se mettait à pencher. Je n'avais jamais pensé une seule seconde à ce poste. Je le lui ai dit, et il a répliqué: «C'est pour cela qu'on t'appelle.» Qu'est-ce que vous voulez répondre? Alors si certaines personnes rêvent de prendre ma place, éprouvent de la jalousie ou de l'agressivité, je reste intérieurement très sereine : je n'ai rien demandé. D'autres que moi ont pris la décision. L'appel de l'Église, la reconnaissance par les autres, la désignation par les frères et sœurs, voilà l'important. Et même si je ne vois pas du tout pour quelle raison on considère que je peux remplir une telle mission, j'ai choisi de faire confiance au discernement de celles et ceux qui m'ont appelée.

FLORIANE : L'organisation protestante offre donc une responsabilité à des gens qui ne la revendiquent pas. C'est déterminant pour une accession égalitaire des femmes aux postes importants, car les femmes apprennent souvent à se mettre en retrait dès l'enfance. Esther Duflo l'explique très bien dans sa leçon inaugurale au Collège de France. L'opinion selon laquelle les femmes sont en moyenne des dirigeants moins compétents était due en partie au fait que les citoyens voyaient très rarement des femmes occuper de telles positions ; elle a changé lorsqu'ils en ont fait l'expérience.

Il est important que nos assemblées s'habituent à entendre des femmes. Dans la tradition juive, une grande place est accordée à l'initiative individuelle, on trouve peu de hiérarchie. Une telle disposition présente des avantages et des inconvénients. L'avantage, par exemple, c'est que personne ne détient l'autorité qui permettrait d'exclure les femmes. L'inconvénient, c'est que personne ne détient non plus l'autorité qui pourrait forcer tout le monde à les inclure ! (Rires.) Du coup, la place du rabbin est assez difficile à définir. D'abord, toute personne peut diriger la prière.

Au moment de préparer l'office, en théorie, une discussion de groupe s'engage au sein de la communauté. « C'est toi qui diriges l'office aujourd'hui ? – Oui, d'accord. » Évidemment, une telle proposition est un honneur, et la personne sollicitée est censée refuser deux fois avant d'accepter – façon de prouver son humilité. En même temps, comme on connaît d'avance la procédure, c'est souvent une sorte de jeu. En hébreu, la personne choisie est appelée « délégué·e du public », un rôle encadré par un certain nombre de règles parfois assez amusantes, qui sentent le vécu. Par exemple, « renoncer à s'écouter chanter et à se griser de la beauté de sa propre voix pour éviter de faire durer les chants trop longtemps ». Il reste que certaines célébrations religieuses, comme le mariage, nécessitent la présence d'un rabbin. Son rôle n'est pas de valider le mariage ; simplement, si tout le monde se met à célébrer des mariages, on ne saura plus qui est marié avec qui, ce qui n'est évidemment pas recommandé dans une société moderne. Le rabbin intervient également lorsque des gens veulent rejoindre le judaïsme. Il y a une transition à réaliser, et dans ce cas-là il est essentiel de faire appel à des personnes qui ont reçu un enseignement, qui ont une vision globale de l'histoire et une conception de l'avenir : des personnes qui ont reçu l'ordination rabbinique.

Le rôle autoritaire que l'on donne au rabbin aujourd'hui n'est donc pas très juif puisqu'en principe, je le répète, le judaïsme n'est pas hiérarchique. Tout le monde fait partie de l'alliance, au même titre. Alors, qu'est-ce qui définit un rabbin ? Le mot « rabbin » vient de l'hébreu *rav* (*rabba* au féminin), qui signifie « grand ». Depuis le don de la Torah à Moïse, le judaïsme s'est entièrement construit sur l'étude et la transmission de la tradition écrite et orale. Dès les premiers temps, des écoles ont été fondées par des sages qui enseignaient, discutaient et compilaient tous leurs commentaires. C'est cet empilement de commentaires qui a peu à peu constitué la Michna (recueil de considérations rabbiniques jusqu'au IIe siècle) et le Talmud (commentaire de la Michna incluant des considérations rabbiniques jusqu'au Ve siècle). Pour faire simple, le rabbin est un enseignant-chercheur. En principe, tous les juifs peuvent l'être également, aucune administration ne devrait prétendre déterminer l'importance d'un rabbin. Traditionnellement, on considère que le rabbin le plus important est celui auquel le plus de rabbins importants posent le plus de questions difficiles, ces derniers étant relativement importants parce qu'il y a quand même pas mal de gens qui leur posent régulièrement des questions assez complexes.

Comment décrire la hiérarchie administrative du rabbinat telle qu'on la connaît aujourd'hui en France ? Elle est assez récente puisqu'elle remonte à la création du Consistoire par Napoléon Ier, en 1808. L'Empereur souhaitait constituer une sorte de clergé pour administrer le judaïsme, sur le modèle de ce qui avait été fait avec les protestants au XVIe siècle, et pour les rabbins un statut proche de celui de pasteur. En Israël, il existe un système très similaire, mis en place par l'Empire ottoman en 1835, et qui a perduré jusqu'à aujourd'hui. Le Consistoire participe à l'image que l'on se fait du judaïsme, surtout en France, mais il ne représente que deux cents ans sur trois millénaires d'histoire, ce qui est dérisoire, et il donne une fausse impression de centralisation.

Et la place des femmes dans tout cela ? Les femmes sont présentes depuis le début de l'histoire juive, nous aurons l'occasion d'en reparler. En ce qui concerne le rabbinat, l'étude des textes montre à quel point leur place a évolué au cours du temps. Il existe un passage du Talmud, dans le traité Méguila, qui dit d'abord : « Tout le monde est habilité à monter à la Torah, parmi les sept personnes requises, même une femme, même un mineur » (Talmud babylonien Méguila 23 a)[1]. Mais le même texte ajoute qu'« en raison de l'honneur de la communauté, les sages ont décidé qu'une femme ne lirait point devant un public masculin ». L'« honneur de la communauté » a donné lieu à de nombreuses interprétations, il faut le reconnaître, souvent défavorables aux femmes. Effectivement, à l'époque de sa rédaction, cet ajout prenait en compte le contexte romain, dans lequel les femmes n'étaient pas reconnues comme citoyennes[2]. D'une manière générale, le judaïsme, comme tout groupe humain, est perméable à son environnement. Lorsque la place des femmes dans une société est minime, généralement il en va de même dans le judaïsme. Et pourquoi ne pas prendre le contre-pied ? me direz-vous. En tant que minorité, les Juifs ont assez peu de marge de manœuvre pour défendre une position opposée à celle des sociétés dans lesquelles ils évoluent. Autrement dit, dans des sociétés patriarcales, le

---

1. Le Talmud babylonien est un texte fondamental du judaïsme dont nous reparlerons.

2. Rivon Krygier (dir.), *La Loi juive à l'aube du XXIe siècle*, Biblieurope, 1998.

judaïsme tend à l'être également. Actuellement, le judaïsme français est en voie d'intégrer les évolutions récentes en matière d'égalité femmes-hommes. Le résultat dépendra des choix de tous.

Regina Jonas est la toute première femme rabbin de l'histoire au sens moderne. Née à Berlin en 1902, elle reçoit l'ordination en 1935 et dit ceci :

> Deux choses m'ont poussée, en tant que femme, à devenir rabbin. Ma conviction dans l'appel de Dieu et mon amour pour les humains. Dieu a implanté dans notre cœur des capacités et une vocation sans se poser la question du genre. Pour cette raison, c'est le devoir des hommes et des femmes, de façon égale, de créer et de travailler en cohérence avec les talents que Dieu nous a donnés[3].

Regina Jonas prend toute sa place dans le contexte de la Seconde Guerre mondiale, à un moment de grand besoin spirituel. Elle exerce sa vocation au péril de sa vie et se trouve finalement déportée en 1942 au camp de Theresienstadt, où elle met en place un service d'aide psychologique et spirituelle. Elle meurt deux ans plus tard, dans le camp d'extermination d'Auschwitz, à l'âge de quarante-deux ans. Jusque-là, son parcours est comparable, me semble-t-il, à celui d'Élisabeth Schmidt dont tu parlais, Emmanuelle.

---

3. Regina Jonas, *C.-V.-Zeitung*, 23 juin 1938, cité dans Elisa Klapheck, « Regina Jonas », *Jewish Women Encyclopedia*, jwa.org, 31 décembre 1999 (traduction Floriane Chinsky).

Mais il diffère de façon dramatique après sa mort. Une fois disparue, Regina Jonas ne peut évidemment plus défendre sa propre postérité. Or, les rabbins et le psychologue avec qui elle œuvrait dans les camps ne la mentionnant pas dans leurs Mémoires, son histoire sombre dans l'oubli. Comme beaucoup de femmes, c'est au prix d'un engagement personnel exceptionnel qu'elle a obtenu le « droit » d'exercer, de mourir dans l'exercice de son idéal, avant d'être injustement oubliée. L'histoire du féminisme juif est marquée par ce type de tragédies. En 1972, c'est l'Américaine Sally Priesand qui reçoit l'ordination du Hebrew Union College à Cincinnati, et elle est considérée comme la « première femme rabbin », jusqu'à ce qu'une universitaire américaine, Katharina von Kellenbach, rétablisse la vérité historique en 1991.

En France, la première femme rabbin est Pauline Bebe, ordonnée en 1990 par le Leo Baeck College de Londres, suivie de Valérie Stessin, ordonnée en 1993 par le Schechter Institute de Jérusalem, où je suis moi-même ordonnée en 2005 ; puis Delphine Horvilleur est ordonnée par le Hebrew Union College de New York en 2008 ; enfin Daniela Touati et Iris Fereira ont reçu leurs ordinations du Leo Baeck College en 2019 et 2021. Je tiens à citer les noms de mes collègues, car il y a de nombreuses façons d'exercer son rabbinat, pour une femme comme pour un homme, et toutes sont importantes. La reconnaissance de nos singularités et de nos différences sauvegarde notre liberté. Si devait être imposé un modèle unique de femme rabbin, nous serions censées y adhérer, mais la diversité de nos profils garantit la liberté de chacune. Vous l'avez compris, la place des femmes dans le judaïsme a beaucoup évolué au cours des cinquante dernières années, parce que la place des femmes a beaucoup évolué dans la société. Rappelons à titre d'exemple qu'en France la loi autorisant les femmes à travailler et à ouvrir un compte bancaire sans le consentement de leur mari a été votée en 1965. Vous vous souvenez du passage talmudique qui évoquait l'« honneur de la communauté » pour écarter les femmes ? Aujourd'hui, de nombreux juifs à travers le monde considèrent justement que l'honneur d'une communauté consiste à donner toute leur place aux femmes. À la bonne heure !

Pour terminer, vous avez certainement noté qu'aucune des cinq Françaises rabbins citées n'a été ordonnée par une institution française. Mais des cursus rabbiniques sont en préparation en France – c'est une étape importante. La question aujourd'hui est la suivante : les juifs et juives humanistes se laisseront-ils mettre à l'écart que le judaïsme est trop archaïque se laisseront-ils mettre à l'écart ? Ou au contraire se feront-ils suffisamment confiance pour s'immerger dans les sources et se rendre compte par eux-mêmes de l'actualité des textes, et les revendiquer ? En tout cas, tout un réseau de judaïsme humaniste, dont je fais partie, est là pour ouvrir la voie à celles et ceux qui le souhaitent.

KAHINA : Il y a dans l'islam d'aujourd'hui beaucoup de jeunes prédicateurs, notamment au sein des courants fondamentalistes, qui proposent une interprétation des textes empreinte de virilisme et de misogynie, infériorisant la femme et lui déniant toute possibilité de tenir un rôle important dans la société, *a fortiori* dans le domaine religieux.

C'est la raison pour laquelle je crois que les femmes ont tout intérêt à prendre sans tarder la place qui est la leur. Les hommes se sont complètement approprié le discours religieux, et l'interprétation des textes qui va avec, ce qui aboutit inévitablement à un système de pensée excluant totalement les femmes. Et au sein de l'islam libéral naissant, notamment parmi les jeunes générations, on commence à se poser des questions sur la crise de sens et la dérive extrémiste que vit notre religion. Apparaît un désir d'entendre plus de femmes s'exprimer.

Mais j'aimerais revenir à la source. La source, pour les musulmans, c'est le texte coranique. Prenons l'exemple de Marie. L'histoire de Marie dans le Coran est riche d'enseignements. Sa vie est beaucoup plus détaillée dans le texte coranique que dans la tradition chrétienne. Non seulement elle détient une parole, mais elle fait même l'objet d'une élection divine :

> Et quand les anges dirent : « Ô Maryam ! Dieu t'a élue, t'a purifiée, Il t'a élue sur toutes les femmes de l'univers ! Ô Maryam ! prosterne-toi pour L'adorer et incline-toi avec ceux qui s'inclinent » (S3:V42-43).

Elle est citée dans la sourate des Prophètes, ce qui – en dépit des controverses théologiques, y compris dans l'exégèse classique – lui confère le statut de prophétesse. Par ailleurs, Marie est « prédicatrice », comme diraient les chrétiens : elle prêche, et surtout elle a un vrai dialogue avec Dieu, un véritable échange. Et puis elle devient enseignante, notamment auprès de Zacharie, qui était son tuteur dans le temple et avait pour mission de veiller sur elle. Le verset 37 de la sourate 3 relate l'étonnement de Zacharie devant les offrandes divines que recevait Marie :

> Chaque fois que Zacharie allait la voir au temple, il trouvait chez elle une provende et il lui demandait : « Ô Marie d'où cela te provient-il ? » Elle lui répondait : « Cela me vient de Dieu. » Certes Dieu donne à qui Il veut sans compter.

Les propos de Zacharie révèlent un véritable trouble et un questionnement intérieur profond face à cette jeune fille qui a atteint un niveau de réalisation spirituelle hors du commun, jusqu'à devenir l'inspiratrice de la prophétie. Le verset suivant (S3:V38) met en scène le prophète Zacharie qui invoque son Seigneur :

> C'est dans ce même temple que Zacharie adressa cette prière à son Seigneur : « Seigneur ! Puisses-Tu me donner une descendance vertueuse ! N'est-ce pas Toi qui exauces les prières ? »

En contemplant Marie qui se remet en toute confiance à Dieu, Zacharie a eu la certitude au plus profond de son cœur que Celui-ci était à l'écoute de Ses serviteurs et qu'Il pouvait aussi exaucer sa prière. Voilà ce que Marie a enseigné à Zacharie. Floriane, tu disais que dans la tradition le rabbin est avant tout un enseignant. Eh bien, dans le Coran, Marie devient enseignante. Finalement, c'est peut-être elle la première femme rabbin de l'histoire ! (Rires.) Tous ces passages du Coran sont fondamentaux. Aujourd'hui, ils sont redécouverts, retravaillés, et mis en avant par les lectures féministes du Coran.

Enfin, en ce qui concerne le rôle de la femme dans la prière, il existe un verset coranique où Dieu parle à Marie et lui dit : « Prosterne-toi parmi les prosternants. » Il ne dit pas : parmi les « prosternantes ». Certains exégètes considèrent que Marie devait accomplir ses prières dans la solitude, alors que Dieu lui ordonne explicitement de se mélanger aux hommes de sa communauté pour prier avec eux. Cette idée de communauté mixte, vous vous en doutez, est totalement absente des lectures patriarcales. C'est aussi la raison pour laquelle ce verset est devenu la pièce maîtresse de mon argumentaire lorsqu'on me demande d'expliquer la légitimité de la prière mixte.

FLORIANE : Merci, Kahina. C'est intéressant, j'ai l'impression que nous sommes à des places différentes face à des expériences et des combats semblables. Emmanuelle a été appelée par son institution. De mon côté, j'ai dû me lancer avec l'espoir que certaines structures m'accepteraient comme rabbin, et toi, tu dois tout créer à partir de rien. Ces conditions difficiles rendent notre rencontre encore plus forte. Dans la tradition juive aussi, il existe des controverses sur la place des femmes. La première, très significative, concerne les commandements, qui sont au cœur de l'action juive. Les femmes seraient dispensées des commandements positifs conditionnés par le temps. Un commandement positif est un commandement qui enjoint de réaliser quelque chose, comme allumer des bougies le vendredi soir, par opposition à un commandement négatif qui interdit un comportement. Un commandement conditionné par le temps est un acte qui doit être effectué dans un laps de temps défini : ces mêmes bougies, par exemple, doivent être allumées au début du chabbat. Dans les tristes cas où les femmes sont censées s'occuper seules des enfants et se comporter en servantes de leurs maris, accomplir ces commandements risquerait d'entraver leurs pseudo-obligations domestiques. Pour les « aider », certains rabbins, au Moyen Âge, ont souligné l'importance de les en « dispenser ». Une « dispense de commandement » peut passer pour un avantage, mais il faut y réfléchir. Que penserait-on si les jeunes filles étaient « dispensées » d'aller à l'école ? Une dispense n'est pas toujours un privilège. Heureusement, en réalité, les rabbins du Talmud énoncent de très nombreuses exceptions : les femmes doivent manger la *matsa* (pain azyme) le soir de Pessah, faire le *kiddouch* (bénédiction du vin) au moment des fêtes, allumer les bougies de la fête de Hanouka, etc. C'est un peu comme si les sages, obligés de les exclure pour la forme, les réintégraient dans la pratique, par une sorte de pied de nez au sexisme. C'est assez réjouissant, je dois dire, et plutôt cohérent avec l'humour rabbinique traditionnel !

EMMANUELLE : Je vous rejoins complètement au sujet de la place des femmes dans les textes. La controverse est facile. En réalité, dans le Nouveau Testament, il y a beaucoup de figures féminines, de rencontres entre Jésus et des femmes. Plus tard, au temps des premiers chrétiens, on trouve la trace de communautés dirigées par des femmes. Les Lettres de Paul sont très claires à ce sujet : lorsqu'il écrit aux différentes Églises en nommant les personnes à qui il s'adresse, on trouve autant d'hommes que de femmes. Mais on préfère généralement choisir de citer cette phrase de la Lettre aux Corinthiens: «que les femmes se taisent dans vos assemblées». On isole ce passage, tronqué évidemment, pour accuser Paul de misogynie. Cette fameuse parole a fait couler beaucoup d'encre et surtout offert un argument idéal pour faire taire les femmes. Argument idéal mais fallacieux ! Premièrement, Paul écrit cette lettre à une communauté bien précise, celle de l'Église en construction à Corinthe. Peut-on considérer que ce qui a été écrit pour une communauté de premiers chrétiens, en 55 après J.-C., soit directement applicable à la France du XXIe siècle ?

Il suffit de porter un regard transversal sur les écrits de Paul pour déconstruire cette supercherie. Paul recommande ailleurs (1 Co 11,5) aux femmes de porter un voile pour prier et prophétiser, autrement dit pour s'exprimer à haute voix. Il leur demande (1 Co 14,34) de se taire et d'interroger leur mari à la maison si elles veulent s'instruire. Aurait-il oublié ce qu'il a écrit trois chapitres plus tôt ? Lorsqu'il écrit dans sa Lettre aux Romains : «Je vous recommande Phoebé, notre sœur, ministre de l'Église de Cenchrées» (Rm 16,1), a-t-il cessé soudain d'être misogyne ? En fait, les femmes ont des responsabilités dans les premières Églises. C'est indiscutable.

Mais pourquoi Paul pouvait-il se montrer si restrictif? Quel était exactement le contexte à Corinthe à cette époque ? Pour le comprendre, relisons toute la lettre. Paul demande aussi de se taire (1 Co 14,28) aux frères qui parlent en langues s'ils ne disposent pas d'un interprète ; de même quelqu'un qui est en train de parler doit cesser si quelqu'un d'autre reçoit une prophétie (1 Co 14,30). En fait, Paul essaie tout simplement de réglementer le déroulement du culte, et apparemment la tâche ne devait pas être simple ! Paul écrit aussi :

> Quand vous vous réunissez en commun, ce n'est pas le repas du Seigneur que vous prenez. Car, au moment de manger, chacun se hâte de prendre son propre repas, en sorte que l'un a faim, tandis que l'autre est ivre. N'avez-vous donc pas de maison pour manger et pour boire ? Ou bien méprisez-vous l'Église de Dieu et voulez-vous faire affront à ceux qui n'ont rien ? (1 Co 11,20-22).

Ce qui, en français moderne, donnerait quelque chose comme : « Ce que vous faites est honteux. Il y en a qui crèvent de faim et les autres sont déjà soûls. Non ! Vous n'être pas là pour picoler ! Ça, faites-le chez vous ! » Bref, la communauté des premiers chrétiens de Corinthe devait être un joyeux bazar. Voilà le contexte dans lequel Paul ordonne aux uns de faire silence, aux autres de respecter le culte.

Mais, s'il est devant la nécessité de recadrer une communauté un peu foutraque, Paul a un autre souci. Il voudrait que le culte soit un témoignage pour les non-croyants qui viendraient y assister et surtout pas une raison de rejeter la foi chrétienne. Voilà ce qu'il écrit : « Si donc, dans une assemblée de l'Église entière, tous parlent en langues, et qu'il survienne des hommes du peuple ou des non-croyants, ne diront-ils pas que vous êtes fous ? » Paul veut donner une bonne image à la population extérieure au christianisme, tout simplement parce qu'il est en train de construire l'Église. Les Corinthiens auraient-ils trouvé scandaleux que des femmes prennent la parole librement dans une assemblée ? C'est une hypothèse. Peut-être avaient-ils des chrétiens une vision défavorable. Dans ce cas, la liberté chrétienne essentielle, l'égale dignité des hommes et des femmes, risquait de ne pas être comprise par les non-croyants. Et si c'est bien le regard des non-croyants qui compte : en 2021, interdire aux femmes de prendre la parole (comme c'est le cas dans certaines Églises) est devenu pour les non-croyants une raison de rejeter celles qui pratiquent ainsi leur foi. Faire taire les femmes est donc aujourd'hui exactement le contraire de l'intention de Paul.

FLORIANE : Merci, Emmanuelle, de nous rappeler la pensée de Paul. Effectivement, les hommes ont un rôle à jouer dans la mise en œuvre de l'égalité, un rôle essentiel en tant que pères, frères, fils, enseignants, collègues et élèves. Parmi ceux qui ont occupé une telle place dans ma vie, il y a sans aucun doute mon père et son éducation totalement égalitaire, dont j'ai déjà parlé. Aussi, évidemment, le rabbin Rivon Krygier, qui m'a poussée à monter à la Torah et à envisager le rabbinat. Passer d'un cursus de droit classique à des études rabbiniques en Israël représentait pour moi un grand pas dans le vide, une véritable prise de risque ; c'est un autre rabbin, Alain Michel, qui m'a aidée à comprendre que l'on n'a qu'une vie et qu'on peut se lancer dans des projets même s'ils semblent fous. Grâce à lui, le choix est devenu possible dans ma tête. Je n'oublie pas le rabbin Graetz, qui m'a beaucoup appris pendant le séminaire rabbinique à Jérusalem. Je me souviens de la façon dont il a expliqué l'évidence de l'égalité femme-homme à l'étudiant qui faisait son stage avec moi ; il lui a ouvert la porte du féminisme. À la fin du séminaire, un débat a réuni tout le monde sur la question : quelle attitude adopter vis-à-vis d'un couple qui cherche un rabbin homme pour éviter d'être marié par une femme ? À l'unanimité, mes camarades hommes ont déclaré qu'ils refuseraient de prendre la place d'une collègue femme pour célébrer le mariage. L'attitude de ces étudiants a été pour moi une inspiration, j'avais besoin à ce moment-là que d'autres m'ouvrent le chemin de la légitimité. Nous avons aussi lutté ensemble pour l'intégration du nom des matriarches dans les offices, pour que Sarah, Rebecca, Rachel et Léa soient citées elles aussi. Je pensais à ce passage de la Bible dans lequel Moïse transmet à l'Éternel la demande d'héritage des filles de Celofhad :

> 5 Moïse déféra leur cause à l'Éternel. 6 Et l'Éternel parla ainsi à Moïse : 7 « Les filles de Celofhad ont raison. Tu dois leur accorder un droit d'hérédité parmi les frères de leur père, et leur transmettre l'héritage de leur père » (Nb. 27:5-7)[4].

EMMANUELLE : Cette discussion entre les étudiants de ton séminaire rabbinique me rappelle un épisode que nous avons vécu au sein de mon Église. Une famille dans laquelle

---

4. Sauf mention contraire, les extraits bibliques sont tirés de la traduction du Rabbinat telle qu'on la trouve sur le site sefarim.fr.

il y avait eu un décès était en quête d'un pasteur remplaçant, parce qu'elle refusait que le culte d'action de grâce soit célébré par le pasteur de leur paroisse, d'origine africaine. Tous les pasteurs de la région se sont mis d'accord : « Aucun de nous n'acceptera de le remplacer. C'est absolument exclu. » Ce qu'il faut bien comprendre, c'est que la manière dont les femmes sont traitées reflète parfaitement le point de vue qu'adoptera la communauté sur les autres questions liées au racisme et aux discriminations en général. Aujourd'hui, il y a dans mon Église plusieurs pasteurs homosexuels. Et sans doute qu'un jour, pour cette raison-là, nous serons de nouveau confrontés à des membres de la paroisse qui chercheront à changer de pasteur pour leur mariage, ou le baptême de leur enfant. Et il faudra, bien entendu, que le refus de discriminer nos collègues soit toujours aussi ferme.

KAHINA : Je suis tout à fait d'accord. La façon dont on traite la femme dans une société renseigne sur la manière dont cette société va traiter l'altérité, la minorité. Il y a un lien étroit entre le sort des femmes et l'avancement des droits humains et des libertés fondamentales. Ce lien, je l'ai observé de mes propres yeux, d'abord en Algérie mais aussi, plus récemment, dans le cadre du lancement de notre projet de mosquée libérale. Beaucoup de gens me disaient par exemple : « Ça ne nous dérangerait pas qu'une femme enseigne la religion, aucun souci. Mais pourquoi aller jusqu'à vouloir être imame ? Guider la prière ? »

FLORIANE : Et pourquoi pas, en fait…

KAHINA : Exactement ! Pourquoi pas ? Qu'est-ce qui gêne à ce point dans le fait qu'une femme soit imame, puisqu'on accepte qu'elle enseigne ? Je me souviens d'une discussion sur l'imamat féminin. Nous étions trois femmes face à une assemblée d'hommes. La première réaction de ces messieurs résonne encore dans ma tête : « Oui, mais l'islam vit des crises très importantes aujourd'hui, l'imamat des femmes n'est pas la priorité. » Voilà le discours qui revient sans cesse. On s'occupera du sort des femmes lorsque tous les autres problèmes seront réglés. On ne se rend pas compte que la question de l'infériorisation des femmes est révélatrice d'une problématique transversale plus profonde, celle de la domination des plus forts, qui engendre la sujétion des minorités sociales et donc l'injustice.

FLORIANE : Non seulement c'est la priorité, mais en plus c'est une des solutions. Parce que, en effet, comme vous venez de le dire, à partir du moment où on met les femmes au second plan, on entretient l'idée que les inégalités sont normales, et on légitime également l'humiliation d'autres hommes et femmes au nom d'autres mauvaises raisons. En fin de compte, qu'on le veuille ou non, l'égalité nous concerne toutes et tous. Ce que vous dites me rappelle le poème du pasteur Martin Niemöller :

> Quand les nazis sont venus chercher les communistes, je n'ai rien dit, je n'étais pas communiste.
>
> Quand ils ont jeté en prison les sociaux-démocrates, je n'ai rien dit, je n'étais pas social-démocrate.

Quand ils sont venus chercher les syndicalistes, je n'ai rien dit, je n'étais pas syndicaliste.

Quand ils sont venus me chercher, il ne restait plus personne pour protester.

Le mémorial de l'Holocauste aux États-Unis a ajouté : « Quand ils sont venus chercher les Juifs, et je n'ai rien dit parce que je n'étais pas Juif. »

Aujourd'hui, il est évident que les femmes, elles, doivent être ajoutées à cette liste. Tant qu'on laissera des femmes être réduites aux seconds rôles, l'égalité des hommes sera également menacée. Les inégalités sont toutes liées et nuisent aux personnes discriminées, mais aussi aux autres. Le grand jour du bilan, Yom Kippour, reprend un texte très fort qui souligne que la seule façon d'échapper aux décrets divins négatifs qui nous menacent est la solidarité. « Mais l'introspection, l'expression du cœur et la justice sociale permettent de dépasser la fatalité[5]. »

EMMANUELLE : Vous, je ne sais pas, mais moi je me demande souvent comment j'envisage d'exercer mon autorité.

FLORIANE : Tu parles d'autorité ou de leadership ?

EMMANUELLE : Oh moi, je ne connais pas très bien les mots anglais, tu sais… (Rires.) Ce que je veux dire, c'est

5. Extrait de la prière « Ountané tokef ».

que je me demande parfois comment je mène ma barque, comment je conduis une prise de décision. Je préside un conseil de vingt personnes, et les questions sont parfois difficiles à trancher. Comment je fais ? Souvent j'essaie de me remémorer mon comportement avec mes enfants lorsqu'ils étaient petits. J'ai contribué à l'éducation de huit enfants, et tous ont pris des chemins très différents. Alors je tente de me rappeler ma manière de dialoguer avec chacun d'eux. L'idée n'était pas de les conduire selon une destination précise. Je voulais seulement qu'ils soient en capacité de prendre leur propre chemin avec joie. Je les encourageais à faire leurs propres choix, même lorsque ces choix m'étaient parfaitement incompréhensibles. En tant que parent, c'est très compliqué de laisser une totale liberté à ses enfants. C'est comme un chemin d'abandon quotidien : les enfants savent ce qui est bon pour eux, même si ce n'est pas ce que les parents voudraient. Cet accompagnement qui consiste à laisser l'autre libre de ses choix, je le retrouve quand je conduis le Conseil national de mon Église. Lorsqu'on aborde un sujet, j'ai mes propres convictions. Mais généralement la discussion ne se passe pas du tout comme je l'avais imaginée. Au cours de nos échanges, j'écoute et je découvre de nouveaux angles de réflexion auxquels je n'avais pas pensé. Et petit à petit, en additionnant les différents éléments, nous construisons une décision collective. Il me semble que c'est ainsi qu'on laisse le plus de place possible à l'Esprit saint – que l'on espère présent dans nos débats – et que l'on prend une décision dans le consensus et non à la majorité. La majorité exclut toujours une minorité qui n'est pas entendue. Voilà en quelques mots ma manière d'exercer le ministère de présidente. Je dois dire qu'au début, certains collègues étaient un peu déboussolés, ils sourcillaient : « On ne sait pas où elle veut aller. » Évidemment, puisque je ne décide pas par avance de la destination. Et d'ailleurs ce n'est pas moi qui décide, nous décidons tous ensemble.

KAHINA : J'aimerais dire un mot, moi aussi, au sujet de ces hommes qui nous soutiennent et nous encouragent à prendre notre place. Il faut que je vous parle de celui avec qui je mène ce projet de mosquée libérale. Il s'appelle Faker Korchane, et c'est le deuxième imam, le deuxième pilier de la mosquée. Il dit toujours : je suis l'homme derrière…

FLORIANE : … une grande femme…

KAHINA : Voilà. (Rires). Son soutien est vraiment précieux pour moi. Beaucoup d'hommes sont comme lui, beaucoup de musulmans, même si on ne les voit pas beaucoup. Malheureusement, ce n'est pas ces musulmans-là dont les médias préfèrent parler. En général, ce sont des hommes qui vivent leur religion de manière très paisible et très intime. J'ai vraiment beaucoup de reconnaissance et d'admiration pour Faker parce qu'il ose ouvrir des portes. Pourtant nous ne faisons pas partie du même courant tous les deux. Moi, je m'intéresse beaucoup à la mystique, au soufisme. Lui travaille sur la tradition mutazilite, un courant qui date du IXᵉ siècle et qui est à l'origine de la théologie rationnelle de l'islam. Ce sont les premiers penseurs à s'être posé de manière rationnelle les questions essentielles : qu'est-ce que Dieu ? Quels sont Ses attributs ? L'homme est-il libre ? Qu'est-ce que la prédestination ? Pour eux, la raison est vraiment le premier outil pour comprendre la religion et interpréter les textes. Après la création du mutazilisme, un autre courant est apparu dans la théologie musulmane : l'acharisme. Et ce nouveau courant donnera naissance à la théologie orthodoxe musulmane, puis au sunnisme. Faker prend des risques en voulant faire revivre le mutazilisme, parce que pendant des siècles ses adeptes ont été combattus par les sunnites. Les mutazilites sont surtout connus pour s'être posé la question du Coran : créé ou incréé ? Aujourd'hui, la pensée dominante dit que le Coran est incréé, c'est-à-dire qu'il est consubstantiel à la nature divine et éternelle. Et donc, si on part de ce postulat, la question de l'historicité du texte coranique est absolument exclue. Alors que les mutazilites, eux, se sont posé la question au IIIe siècle de l'hégire. Au IXe siècle, le mutazilisme devient même la croyance officielle à la cour du calife abbasside al-Ma'mûn (786-833). Il a fait l'erreur de mener une sorte d'inquisition contre l'idée du Coran incréé et, lorsque ses adversaires ont repris le pouvoir, les mutazilites ont été combattus, la thèse du Coran incréé officiellement adoptée par le pouvoir politique jusqu'à devenir la doctrine officielle de l'orthodoxie, et le courant mutazilite a fini par disparaître. Aujourd'hui, ce serait vraiment précieux pour nous, pour l'islam, de réétudier ces questions-là, notamment le statut du texte coranique. C'est un point central qui a des conséquences très importantes. Faker fait partie de ces personnes qui ont le courage de dire : « Moi, je suis mutazilite, j'y crois. » Il a créé une association pour faire revivre cette pensée-là. Et tout autour de nous, bien sûr, nombre de musulmans sont convaincus qu'il y a un travail d'introspection et de recherche à faire, sans avoir peur de remettre en cause certains dogmes. Parce que, aujourd'hui, certains courants qui se réclament de l'orthodoxie musulmane veulent faire croire par tous les moyens, y compris la force, que leur discours est le vrai, et leur lecture la seule possible.

Jour 3

Pouvez-vous définir sommairement quels sont les principaux piliers de vos religions et traditions pour nous aider à mieux les comprendre ?

FLORIANE : Pour moi, la façon la plus intuitive de définir le judaïsme passe par l'humour. Un Juif, quand tu lui racontes une blague, t'interrompt pour dire : « J'ai une meilleure version ! » Cette plaisanterie illustre bien un élément fondamental de la tradition juive : la conscience aiguë de la multiplicité des versions. Pour être plus précise, je dirais que pour moi le judaïsme est une méthode de vie et de pensée qui permet de développer un double niveau de conscience : être à la fois en connexion avec la réalité et capable de prendre du recul par rapport à cette réalité. D'ailleurs, là est la source de la créativité et du bonheur de l'intimité ! Il me semble qu'on est proche de la tradition mutazilite dont tu parlais, Kahina.

Pour entrer dans le détail, je vais commencer par vous parler des grands textes, et d'abord de la Torah écrite, ou Pentateuque, qui renferme les cinq premiers livres de la

Bible. Dans le christianisme, sa traduction française est appelée Ancien Testament, ou encore Première Alliance. Il s'agit d'un texte qu'on dit révélé par l'Éternel à Moïse sur le mont Sinaï. Que contient-il ? Une compilation d'histoires et de lois ordonnées et présentées de façon à fédérer différents groupes, différentes tribus. Quant à la forme, la Torah est un texte unique, fixé, écrit dans un hébreu datant d'avant l'invention des voyelles et de la ponctuation. Il est donc souvent difficile à prononcer, à comprendre, et laisse une grande place à l'interprétation. C'est d'ailleurs pour cette raison que, lorsqu'on lit la Torah à la synagogue, d'abord il faut avoir préparé sa lecture, mais surtout – comme je l'ai dit précédemment – on est encadré par deux personnes, pour être corrigé en cas d'erreur. Qu'on doive préparer sa lecture montre le degré de responsabilité dans lequel s'engage le lecteur ou la lectrice. Et le risque de faire des erreurs – ce qui est inévitable – souligne la responsabilité assumée par les personnes qui accompagnent. Toujours ce double niveau de conscience : c'est normal d'agir, c'est normal de faire des erreurs, et c'est normal d'être aidé et soutenu. C'est plus que normal, d'ailleurs, c'est la condition pour réaliser quelque chose de valable sur le plan humain. Je laisse la pseudo-perfection froide aux robots. Par ailleurs, la lecture de la Torah à la synagogue nécessite la présence d'un quorum de dix personnes minimum. Certains pensent que seuls les hommes comptent pour l'atteindre. Évidemment, je soutiens la vision opposée : pour moi les femmes comptent et doivent être comptées. Mais pourquoi dix personnes ? demanderez-vous. Pour s'assurer d'un certain consensus autour de l'interprétation moderne du texte.

Car la complexité de la Torah écrite implique une large liberté d'interprétation. C'est la raison pour laquelle, en principe, afin d'éviter les contresens, il est interdit d'étudier la Torah seul. En effet, dans le meilleur des cas, si la personne a beaucoup d'humour, la lecture débouchera sur une interprétation hilarante proche du best-seller écrit par le New-Yorkais A.J. Jacobs, *L'année où j'ai vécu selon la Bible*[1]. Dans le pire des cas, on aboutit à une vision extrêmement oppressive qu'il convient de fuir. D'ailleurs, la lecture non éclairée de la Torah écrite pousse de nombreux juifs humanistes à s'éloigner du judaïsme. Pourtant, le texte le plus important de notre religion n'est pas la Torah écrite, mais la Torah orale. De quoi s'agit-il ?

Moïse sur le mont Sinaï aurait reçu les Dix Commandements, que la tradition juive appelle les Dix Paroles. Selon certains, il aurait même reçu toute la Torah écrite. Mais pourquoi reste-t-il sur place pendant quarante jours ? Parce que, selon la vision traditionnelle, il y apprend de la bouche même de l'Éternel l'ensemble des préceptes de la Torah orale. Il faut un certain temps ! On y trouve les aspects pratiques et concrets, de la recette du pain azyme aux règles du chabbat, mais aussi et surtout les clés de lecture de la Torah écrite, des méthodes qui permettront de l'interpréter et de l'actualiser. De retour au campement des

1. Babel, 2010. Ouvrage dans lequel l'auteur, un Juif new-yorkais profondément laïque, décide de prendre les Écritures au pied de la lettre. Il va lire la Bible et tenter de la suivre aussi littéralement que possible. Observer les Dix Commandements. Aimer son prochain. Mais aussi ne pas se raser les coins de la barbe, jouer de la harpe à dix cordes, lapider les adultères, dire la vérité en toute circonstance…

Hébreux, Moïse répète tout ce qu'il a appris à Josué, qui le transmet à son tour aux anciens, et voilà comment démarre la transmission orale du judaïsme. Traditionnellement, on considère que les générations ne se contentent pas de répéter la tradition orale, mais l'enrichissent au fur et à mesure. Cet enseignement passera de l'oral à l'écrit à partir de la destruction du Second Temple par les Romains, en 70.

Deux choses à retenir. Premièrement, la Torah orale, c'est comme une paire de lunettes qui donne sa couleur à la Torah écrite, elle la détourne allègrement et c'est d'ailleurs son rôle. Certains extraits de cette Torah écrite sont insupportables, parfois violents, sexistes ou archaïques (on aura l'occasion d'en reparler), et il faut savoir que les rabbins de la Torah orale, depuis, détournent eux aussi systématiquement ces textes et les rendent inopérants. Prenons un exemple. Un des problèmes les plus connus est la fameuse formule « œil pour œil » censée prouver le caractère vengeur du judaïsme. Son sens réel est souvent ignoré. La Torah orale, qui a la prédominance absolue, l'explique. Une personne qui blesse son prochain lui est redevable de cinq choses : « le dommage, la souffrance, les frais médicaux, l'arrêt maladie et l'humiliation » (Michna Baba Kama 8:1). On le voit, la loi exige la compensation du dommage, et exclut absolument la vengeance[2].

Deuxièmement – et c'est l'aspect plus important –, la Torah orale évolue dans le temps. À chaque nouvelle question, une discussion rabbinique s'engage, les avis divergent

2. Raphaël Draï, *Œil pour œil. Le mythe de la loi du talion*, Éditions J. Clims, 1986.

ou se complètent, et tous ces commentaires de sages s'interpellent et s'entrecroisent depuis trois mille ans.

À quoi ressemble une page d'un livre juif? Au centre, on trouve le texte : un commandement, un extrait de la Torah, de la Michna, tout autre texte. Autour s'ordonne un commentaire : en haut à gauche, en haut à droite, de même au-dessous à droite et à gauche, et tout en bas un commentaire du commentaire. De plus, dans les marges s'ajoutent des références, des sources contradictoires ou complémentaires. En fait le résultat ressemble à une encyclopédie, enrichie d'une multitude de liens hypertextes qui permettent de faire dialoguer des penseurs de tous les temps et de tous les lieux. Dans la forme il s'agit d'une réflexion en arborescence, et dans le fond d'une négociation permanente avec le texte. La relation entre Torah écrite et Torah orale est très riche, elle apporte beaucoup de liberté dans le rapport au texte, et m'inspire dans mon rapport à la vie en général. Elle est pour moi comme une méthode d'expression des désaccords dans la NonViolence.

Dans la pratique, la tradition juive s'articule autour de deux grands axes. D'un côté les actes, de l'autre l'étude. En tant que rabbin, je parle bien d'*actes* et pas de rites. Rite est un mot d'ethnologue. Moi, je ne fais pas des rites, j'accomplis des actes. Prenons l'exemple de chabbat. On allume des bougies le vendredi soir. Il peut y avoir plusieurs raisons à ce geste : mes parents le faisaient et c'est un repère sécurisant pour moi ; c'est un outil pédagogique formidable, une façon de réserver un espace-temps familial pour transmettre des choses à mes enfants ; ou une attente d'ordre spirituel, un moment de pause pour me reconnecter à moi-même, me régénérer ; un moyen aussi de combler un besoin d'attachement sociologique, puisque c'est un geste que tous les juifs font au même moment ; ou encore une dimension historique, car le chabbat représente un maillon supplémentaire dans la longue chaîne qui nous arrive du passé et que l'on transmet vers l'avenir. Enfin, il ne faut pas sous-estimer un aspect militant : j'allume les bougies de chabbat pour symboliser et mettre en œuvre ma liberté. Pendant six jours j'ai été « à bras le corps » avec le monde, j'ai travaillé pour le *tikoun olam*, le perfectionnement du monde, comme on dit dans le langage juif, et « le septième jour est le jour du repos de l'Éternel, ton guide : tu ne feras aucun ouvrage, ni toi, ni ton fils, ni ta fille, ni ton serviteur, ni ta servante, ni ton bétail, ni l'étranger qui est dans tes portes » (Ex. 20:8-10). La deuxième version des Dix Paroles (les Commandements, je le rappelle), celle du Deutéronome, précise : « Tu te souviendras que tu as été esclave au pays d'Égypte, et que l'Éternel, ton guide, t'en a fait sortir d'une main forte et d'un bras étendu : c'est pourquoi l'Éternel, ton guide, t'a ordonné d'observer le jour du repos » (Deut. 5:15).

Célébrer réellement le chabbat, c'est donc militer pour la liberté. La liberté pour chaque individu de pouvoir faire une pause pour réfléchir, prendre du recul, exercer sa souveraineté sur sa propre vie. Je ne dis pas que c'est la seule façon de militer pour la liberté ni la meilleure. Je dis qu'une des façons de défendre la liberté de façon régulière et très concrète consiste à faire cesser toutes les contraintes un jour par semaine. Les Dix Paroles sont énoncées deux fois dans la Torah, dans des termes légèrement différents. Dans la première version, celle du Livre de l'Exode, le chabbat doit être accompli parce que c'est le jour du repos pour l'Éternel. Plusieurs interprétations sont possibles. D'abord on peut y voir une inspiration spirituelle puisque observer le chabbat est une manière d'entrer en résonance avec l'Éternel, et aussi peut-être de lui obéir. Une intention pédagogique aussi puisque, le septième jour, même l'Éternel arrête d'essayer de tout contrôler. Alors, si « même l'Éternel » fait place à l'autre, toi aussi, arrête, lâche prise, laisse tes œuvres produire leur effet en observant la façon dont les autres vont s'en saisir, parce que de toute façon tu ne peux pas tout contrôler.

Les actes engagent notre responsabilité. Ils nous invitent à donner le meilleur de nous-même, au maximum de nos capacités. Et là encore, l'idée est d'être en évolution permanente. La façon juive d'être au meilleur de soi-même, c'est de réfléchir à des actes qui pourront devenir des commandements. C'est ce qui s'est passé au cours de l'histoire. L'allumage des bougies n'est pas du tout décrit dans le Pentateuque. La première version dit simplement : « *souviens-toi* du jour du repos, pour le rendre spécial » et la deuxième version : « *garde* le jour du chabbat pour le rendre spécial ».

> Souviens-toi du chabbat pour le rendre spécial. Pendant six jours tu agiras et tu feras tout ton ouvrage. Et le septième jour est un arrêt pour l'Éternel ton guide, tu ne feras aucun ouvrage, toi, ton fils, ta fille, ton serviteur, ta servante, tes animaux et ton étranger qui est chez toi. Car pendant six jours l'Éternel a fait les cieux et la terre et la mer et tout ce qu'ils abritent et il se posa le septième jour : pour cette

> raison l'Éternel a béni le jour du chabbat et l'a rendu spécial (Ex. 20:8-11).
>
> Garde le jour du chabbat pour le rendre spécial, comme l'Éternel te l'a ordonné, car pendant six jours tu agiras et tu feras tout ton ouvrage, et le septième est un arrêt pour l'Éternel ton guide. Tu ne feras aucun ouvrage, toi, ton fils, ta fille, ton serviteur, ta servante, ton bœuf, ton âne, et tous tes animaux, et ton étranger qui est chez toi, pour que ton serviteur et ta servante se reposent exactement comme toi. Et tu te souviendras que tu avais été esclave en terre d'Égypte, et qu'il t'a fait sortir de là, l'Éternel ton guide, d'une main forte et d'un bras étendu. Pour cette raison l'Éternel ton guide t'a ordonné de faire le jour du chabbat (Deut. 5:12-15).

Il n'est nulle part question de bougies. Allumer des bougies le vendredi soir est l'un des actes que les sages ont trouvés pour sanctifier ce jour. À mon avis, l'adhésion à un système de commandements est déterminante. Les actes créent une structure qui fédère les gens et traverse le temps. Ce n'est pas sans importance d'un point de vue historique. Et j'espère que nous garderons cette disposition. Néanmoins, le risque existe de transformer ce système en grille de jugement : « Toi, tu ne fais pas chabbat, ce n'est pas bien, tu n'es pas un bon juif ! » À mon sens, les commandements (Mitsovot) ne doivent pas servir de référentiel pour juger ou contraindre les gens. Jamais. Ils sont un lieu d'accueil et d'inspiration, une occasion de prendre des décisions fortes sur la façon dont nous voulons vivre notre vie.

Le deuxième axe de la tradition juive est l'étude. La pensée juive lui accorde depuis les premiers temps une place centrale. Dans la Michna, on dit même que l'étude équivaut à tous les autres commandements. L'étude est donc un acte que l'on peut faire entrer dans nos vies pour l'accomplir avec constance et fidélité. L'étude consiste à s'imbiber des textes de différentes époques, et à s'en inspirer au quotidien. Le but n'est pas d'apprendre par cœur, mais de réfléchir, de prendre du recul, au sein d'un groupe composé de trois personnes : l'étudiant, son binôme, et un maître. Dans les Pirkei Avot, un des plus célèbres traités de la Michna rapportant des principes de sagesse, on dit : « Fais-toi un maître » et « Acquiers-toi un compagnon d'étude » (Avot 1:6). Vous remarquerez au passage qu'on ne dit pas : « Soumets-toi à un rabbin. » Il y a donc le référent auquel on peut poser des questions, et un partenaire d'étude avec qui on peut partager ses difficultés et confronter ses pensées. Toujours dans les Pirkei Avot, le rabbin Chimon raconte qu'il existe dans notre tradition « trois couronnes : la couronne de la Torah, la couronne de la prêtrise et la couronne de la royauté. Mais la couronne d'une bonne renommée surpasse toutes les autres » (Avot 4:13 Rabbi Chimon). Vous noterez qu'il annonce trois couronnes officielles et que la plus importante serait la quatrième. Humour juif ! (Rires.) La couronne de prêtre et celle de roi sont des titres héréditaires, mais celle de la Torah fait référence à l'étude. N'importe qui peut l'obtenir. Dans un autre passage du Talmud, les sages précisent : « Un mamzer érudit a priorité sur un grand prêtre ignorant » (Ohalim 7:6). Autrement dit, la connaissance de la Torah a plus de valeur que n'importe quel titre, le mot *mamzer* désignant une personne de très bas statut. Et finalement, de ces trois couronnes, la plus importante est... la quatrième, celle de la bonne renommée, qui symbolise la transmission de la Torah. Le judaïsme valorise par-dessus tout l'étude et la transmission de la Torah.

Mais comment s'articulent la pratique et l'étude ? La pratique est un élément très important dans le judaïsme. C'est d'ailleurs une différence majeure avec le christianisme, qui considère particulièrement le cœur et l'intention. Emmanuelle, je parle sous ton contrôle, tu nous diras ce que tu en penses ! Les juifs, eux, continuent d'insister sur le concret et le symbolique. Prenons l'exemple des téfilines[3]. Dans la prière du Chema Israël[4], lorsqu'on prononce : « Les paroles que je te donne aujourd'hui, tu les mettras en signe entre tes yeux et en signe sur ton bras et tu les écriras dans ton cœur » (Deut. 6:6-8), on ne se contente pas d'y penser ou de méditer dessus. L'approche juive consiste à concrétiser cela sur le plan matériel. Mais comment écrire dans le cœur ? Entre les yeux ? Comme il n'est pas question de renoncer, il faut être créatif ! On écrit la prière sur un bout de parchemin que l'on glisse dans un petit boîtier, le tout

---

3. Boîtiers en cuir contenant un parchemin, également en cuir, sur lequel sont inscrits des extraits de la Torah, en particulier le passage de la Bible qui mentionne l'obligation de porter ces paroles sur son cœur, à son bras, entre ses yeux.

4. On désigne ainsi l'un des textes centraux, énoncé en principe tous les matins et tous les soirs, qui rassemble trois passages de la Torah écrite (Deut. 6:4-9, Deut. 11:13-21 et Nb. 15:37-41). Ces extraits sont également introduits dans les téfilines (voir ci-dessus) et dans la mézouza (boîtier que l'on fixe à l'entrée de la maison). Ces textes parlent de l'unité de la divinité, de l'importance de se souvenir de la sortie d'Égypte et de la liberté, de l'importance d'en parler au quotidien.

fixé avec une lanière à l'intérieur du biceps, en direction du cœur. De la même manière, on place un deuxième boîtier sur le front. Puis, en faisant sept fois le tour du bras avec la lanière, on récite la bénédiction. Pourquoi un tel cérémonial ? Le fait de matérialiser les choses permet de se concentrer et de prendre le temps nécessaire pour s'imprégner du sens du texte. De même pendant le chabbat dont je parlais tout à l'heure : depuis les premiers sages, on questionne le texte. Que signifie-t-il ? La sortie d'Égypte, la liberté, la fin de l'esclavage… Il ne faut pas redevenir esclaves, et donc il faut garder un jour de repos, pour nous et pour ceux qui travaillent pour nous. Et si on veut s'assurer que ce jour existe, il faut le marquer. Comment ? À l'entrée de ce jour, on allume des bougies, on fait une bénédiction sur le vin. On répétera ces gestes à la sortie. Oui, mais entre-temps on risque d'être rattrapé par la vie quotidienne, donc il vaut mieux éviter certains actes qui nous ramèneraient à la gestion des affaires courantes. C'est pourquoi on interdit ces actes. La méthode peut sembler autoritaire, mais le but est de nous soustraire justement au diktat de l'action permanente. Quels actes sont en cause ? Les sages y ont réfléchi, ont tout codifié, nous suivons globalement leurs consignes, nous les remettons souvent en question, nous y pensons à notre tour et nous essayons de trouver les attitudes appropriées à notre temps.

Voilà comment vit notre tradition, de la théorie à la pratique, de l'étude jusqu'à l'acte. On lit la Torah écrite, on remonte le cours de la pensée juive qui s'y rattache dans la Torah orale, et finalement on accomplit un acte dont les règles sont à la fois respectées et débattues. On allume des bougies. Certes, mais combien ? À quelle heure ? Avec qui ? En prononçant quels mots ? Les échanges vont parfois très loin. Je pense à un exemple qui me fait beaucoup rire. Toujours au sujet du chabbat, il existe une discussion rabbinique pour savoir quoi faire en plein désert si l'on perd le décompte des jours. On risque de se tromper, mais cela ne nous arrête pas. Certains rabbins disent qu'il vaut mieux décider d'un jour et s'y tenir, parce que, l'important étant de garder un rythme de sept jours, on a une chance sur sept d'avoir bon. D'autres estiment qu'il faut faire chabbat tous les huit jours. Comme ça, on est certain de tomber juste au moins une fois sur sept. Ce qui est amusant est qu'on a aussi la certitude de ne pas tomber sur le bon jour six fois sur sept ! Et pourtant, cette éventualité n'est pas du tout dramatique. Ce raisonnement plein d'humour permet de se détendre un peu !

KAHINA : C'est bizarre : vous parlez beaucoup de Dieu, mais vous dites : on n'y croit pas.

FLORIANE : Ah bon ? Pas tant que ça, si ? Ce n'est pas facile à expliquer. En fait, qu'il existe ou qu'il n'existe pas, de toute façon « dieu », l'Éternel, est un mot qui en théorie renvoie à un signifié que l'on est incapable de définir…

KAHINA : Mais il existe bien une théologie juive, non ?

FLORIANE : Non, non, pitié ! Ça, c'est le christianisme ! (Rires.) J'évite au maximum le mot « théologie », car justement « dieu » n'est pas central. Nous, depuis le second

Temple, on a décidé qu'on ne savait rien de lui, même pas son nom. Moïse lui-même se heurte à cette difficulté. Il veut faire sortir d'Égypte tous les enfants d'Israël. L'Éternel lui dit : « Vas-y, va en parler à Pharaon. » Le problème, c'est que les Égyptiens, eux, ont plein des dieux. Pharaon lui-même est un dieu. Bref, lorsqu'en Égypte on dit « dieu », on sait de quoi on parle. Alors Moïse demande : « Mais je lui dis que je viens au nom de qui ? » – Dis à Pharaon : « Je serai ce que je serai. » Même ici, l'Éternel n'autorise pas qu'on le réduise à l'état de « dieu ». Il dit à Moïse : Voilà, arrange-toi avec ça !

> Moïse dit à Dieu : voilà, je vais vers les enfants d'Israël et je vais leur dire : « Le dieu de vos ancêtres m'a envoyé vers vous », et ils me diront : « Quel est son nom ? » et que devrai-je leur dire ? Et Dieu dit à Moïse : « Je serai ce que je serai », et il dit : « Ainsi tu diras aux enfants d'Israël, "Je serai" m'a envoyé vers vous », et Dieu dit encore à Moïse : « Tu parleras ainsi aux enfants d'Israël : "L'Éternel le guide de vos ancêtres, le guide d'Abraham, le guide d'Isaac et le guide de Jacob m'a envoyé vers vous", tel est mon nom pour toujours, ceci est mon souvenir de génération en génération » (Ex. 3:13-15).

Dans la Torah, on utilise pour désigner le divin quatre lettres qu'on ne sait pas prononcer. Jehovah, Yahvé, Yahoo (oui, certains disent sérieusement Yahoo, de là à dire que Dieu est un moteur de recherche...), de nombreuses prononciations seraient possibles car les voyelles n'apparaissent pas et la tradition veut qu'on n'essaie même pas de les deviner. Donc, nous revendiquons notre ignorance ! C'est la raison pour laquelle, chaque fois que l'on voit YHWH dans le texte, on se débrouille pour trouver un contournement. Dans le cadre d'une prière, on dit Adonaï, que l'on pourrait traduire par « mon Seigneur », une forme proche de Monsieur. Hé oui, désolée, on est encore dans un imaginaire du divin au masculin ! Et dans une conversation normale, beaucoup de juifs appellent Dieu « Hashem » qui signifie tout simplement « le nom ». En fait, chaque fois qu'on parle du divin, qu'on visualise à la fois les quatre lettres et leur prononciation étrange, ça introduit de la dissonance. Peut-être est-ce la conséquence du chemin parcouru par le judaïsme, de l'idolâtrie à la monolâtrie pour aboutir à un monothéisme. C'est une hypothèse. On trouve cette formule au début des Dix Paroles, que l'on répète tout le temps et qui m'inspire : « Je suis l'Éternel, ton guide, qui t'ai fait sortir du pays d'Égypte, de la maison d'esclavage » (Nb. 15:37, également repris dans le troisième paragraphe du Chema Israël). J'ai l'impression que cette phrase est ce qui nous rapproche le plus de Dieu. Tout ce qui nous incite à atteindre le meilleur de notre capacité à être libre et à défendre la liberté, c'est de l'ordre du transcendant. Et chaque fois que l'on parle de Dieu, on fait référence à cette notion de liberté.

> L'Éternel parla à Moïse en ces termes : « Parle aux enfants d'Israël, et dis-leur de se faire des franges aux coins de leurs vêtements, dans toutes leurs générations, et d'ajouter à la frange de chaque coin un cordon d'azur. Cela formera pour vous des franges dont

la vue vous rappellera tous les Commandements de l'Éternel, afin que vous les exécutiez et ne vous égariez pas à la suite de votre cœur et de vos yeux, qui vous entraînent à l'infidélité. Vous vous rappellerez ainsi et vous accomplirez tous Mes Commandements, et vous serez saints pour votre Dieu. Je suis l'Éternel votre Dieu, qui vous a fait sortir du pays d'Égypte pour devenir votre Dieu, Moi, l'Éternel votre Dieu ! » (Nb. 15:37-41 – trad. Rabbinat).

Un autre épisode du Livre de l'Exode reflète très bien le désir de comprendre l'insaisissable. Il se situe après le Veau d'or et le bris des Tables de la Loi : une grande crise de confiance s'est installée au cœur du peuple de Moïse. Alors il dit à Dieu : « On ne peut pas continuer comme ça, j'ai besoin de te connaître. Là, ça n'a pas marché, il faut qu'on aille plus loin dans notre compréhension mutuelle... » Emmanuelle, je vois que tu souris. Tu es d'accord ?

EMMANUELLE : Oui... Je raconterai l'histoire comme ça la prochaine fois... (Rires.)

FLORIANE : Mais l'Éternel ne peut pas se faire connaître. Alors Moïse s'engage dans une négociation absolument sublime avec lui. « Non, non, je ne peux pas. Mais je peux éventuellement te donner un petit quelque chose », argumente l'Éternel. Moïse insiste : « Oui, mais quand même, j'ai besoin de te connaître. » Bref, c'est à la fois très drôle et vraiment profond. Certaines choses nous échappent, mais nous voudrions tellement les comprendre ! L'acharnement de Moïse reflète très bien cette sorte d'aporie. Et l'Éternel finit par craquer : « Tu vas t'asseoir sur le rocher, Je vais passer devant toi, mais je mettrai ma main sur tes yeux pour que tu ne puisses pas me voir. Et lorsque j'enlèverai Ma main, tu verras ce qui reste. » Eh bien, cette histoire, à mon sens, représente merveilleusement l'approche juive de ce que l'on comprend de l'Éternel. Impossible de le définir, il est déjà passé, et on avait sa main devant les yeux, dans un geste de tendresse et de protection. Néanmoins, ce qui advient après, lorsqu'il y a du transcendant, ça, on peut le sentir. Lorsqu'on est toutes et tous ensemble, par exemple, et que l'on ressent une connexion très forte, c'est de l'ordre de ce qui reste après son passage.

> 12 Moïse dit au Seigneur : « Considère que tu me
> dis : "Fais avancer ce peuple", sans me faire savoir qui
> tu veux m'adjoindre. D'ailleurs, tu avais dit : "Je t'ai
> distingué spécialement et certes tu as trouvé faveur
> à mes yeux." 13 « Eh bien ! de grâce, si j'ai trouvé
> faveur à tes yeux, daigne me révéler tes voies, afin
> que je te connaisse et que je mérite encore ta bienveil-
> lance. Songe aussi que c'est ton peuple, cette nation ! »
> 14 Dieu répondit : « Ma face vous guidera et je te don-
> nerai toute sécurité. » 15 Moïse lui dit : « Si ta face ne
> nous guide, ne nous fais pas sortir d'ici. 16 Et com-
> ment serait-il avéré que j'ai obtenu ta bienveillance,
> moi ainsi que ton peuple, sinon parce que tu marches
> avec nous ? Nous serons ainsi distingués, moi et ton
> peuple, de tous les peuples qui sont sur la face de
> la terre. » 17 L'Éternel dit à Moïse : « Cette chose-là

même, que tu as demandée, Je l'accorde, parce que
tu as trouvé faveur à Mes yeux et que Je t'ai spécia-
lement distingué. » 18 Moïse reprit : « Découvre-moi
donc Ta Gloire. » 19 Il répondit : « C'est Ma bonté tout
entière que Je veux dérouler à ta vue, et, toi présent,
Je nommerai de Son vrai nom l'Éternel ; alors Je ferai
grâce à qui Je devrai faire grâce et Je serai miséricor-
dieux pour qui Je devrai l'être. » 20 Il ajouta : « Tu ne
saurais voir Ma face ; car nul homme ne peut Me voir
et vivre. » 21 Le Seigneur ajouta : « Il est une place
près de Moi : tu te tiendras sur le rocher ; 22 puis,
quand passera Ma Gloire, Je te cacherai dans la cavité
du roc et Je t'abriterai de Ma main jusqu'à ce que Je
sois passé. 23 Alors Je retirerai Ma main et tu Me
verras par-derrière ; mais Ma face ne peut être vue »
(Ex. 33:12-23 – trad. Rabbinat).

8 Aussitôt Moïse s'inclina jusqu'à terre et se pros-
terna ; 9 et il dit : « Ah ! si j'ai trouvé faveur à Tes
yeux, Seigneur, daigne marcher encore au milieu de
nous ! Oui, ce peuple est indocile, mais Tu pardonne-
ras notre iniquité et nos péchés et nous resterons Ton
héritage. » 10 Il répondit : « Eh bien ! Je renouvelle le
pacte : à la face de tout ton peuple, Je ferai des pro-
diges qui n'ont encore été opérés dans aucun pays,
chez aucune nation ; et tout le peuple qui t'entoure
verra combien est imposante l'œuvre de l'Éternel, que
J'accomplirai par toi » (Ex. 34:8-10 – trad. Rabbinat).

Son existence m'échappe, et par conséquent la question ne m'intéresse guère. En revanche, je peux dire : ça, c'est ce qu'on peut voir après son passage. Alors, allume des bougies le vendredi soir, souris, chante, prépare un bon repas, un peu de vin pour toi et tes proches, et tu auras une chance à ce moment-là de voir se mettre en place ces formidables sentiments que l'on appelle « liberté » et « intimité », qui sont de l'ordre de la transcendance.

EMMANUELLE : C'est absolument passionnant. Et ça va être compliqué de faire de la théologie après une telle démonstration ! (Rires.) En fait, beaucoup de choses font écho en moi. Dans le christianisme, de nombreux théologiens – tant pis, utilisons le mot honni par Floriane –, de nombreux théologiens ont considéré qu'il était impossible de parler de Dieu. Luther disait : « Parler de Dieu en dehors de Jésus-Christ, c'est Satan. » En d'autres termes : que voulez-vous savoir de plus au sujet de Dieu que la révélation faite en un être humain incarné ? Tout ce que vous croyez savoir en dehors de cet être humain, de ce qu'il a dit, de ce qu'il a fait, est insensé. Je suis donc d'accord avec toi, Floriane : on ne peut pas parler de Dieu. L'être humain n'en a pas reçu la possibilité, ni les capacités. En effet ces quatre lettres du mot en hébreu qui « désigne » Dieu sont imprononçables. Quand Dieu dit à Moïse : « Tu diras : "Je serai qui je serai" m'envoie », j'y vois d'abord une espièglerie de Dieu, puisque ce « nom » n'est pas prononçable. Mais il y a aussi derrière cette plaisanterie un sens très profond, puisque Dieu joue avec le verbe « être » en le conjuguant deux fois à l'inaccompli. Je ne vais pas me lancer dans un cours de grammaire hébraïque, je ne suis pas la plus qualifiée ici, mais on peut méditer longtemps sur cet « être étant et en devenir » qui se présente comme le Dieu qui entend les cris de son peuple, qui se rend compte et qui agit. C'est vrai que ce dialogue entre Dieu et Moïse est extraordinaire.

Un autre texte que j'aime beaucoup pour parler de Dieu « sans en parler », et qui est parallèle au récit de Moïse, c'est l'histoire d'Élie. Élie est un grand prophète, qui ose prendre la parole au nom de Dieu et dont le comportement est très impressionnant. Il tente de faire respecter le culte dû à Dieu et met au défi les prêtres de Baal, un dieu concurrent. Il gagne le défi et tout se termine très mal puisqu'il tue les quatre cent cinquante prêtres de Baal de la reine Jézabel. Évidemment, après cet « exploit », la reine Jézabel, très en colère – on le serait à moins –, envoie son armée contre Élie. Ce dernier s'enfuit et se réfugie dans le désert. Il est désespéré : « Oui, je suis le seul vrai croyant qui reste, moi… alors, Seigneur, prends ma vie, je n'en peux plus… » Dieu lui donne à manger et lui fixe rendez-vous sur la montagne (lieu habituel de la rencontre avec Dieu, dans la Bible). Élie va se reposer dans une caverne et Dieu lui dit : « Sors de la caverne, Je vais passer » (1 R 19). Survient alors un vent violent et destructeur, suivi d'un puissant tremblement de terre, et même un incendie ravageur. Mais Dieu n'apparaît ni dans l'ouragan, ni dans le séisme, ni dans le feu. Finalement, une brise légère se lève. Élie comprend que Dieu se trouve dans « ce souffle ténu ». Il sort de la caverne en couvrant son visage avec un manteau, afin d'accueillir le passage de Dieu « dans ce souffle ténu ». Et Dieu l'envoie chercher son successeur. « Va à Damas, lui dit-il. Trouve un paysan qui s'appelle Élisée, et donne-lui ton manteau de prophète. » Je trouve ce récit très touchant. Élie se prenait pour celui qui devait agir au nom de Dieu, et peut-être qu'il avait un peu extrapolé ce que Dieu voulait ! Il agit dans la violence et la fureur, alors que Dieu, Lui, se manifeste dans un « souffle ténu ». Élie se croit le dernier, le seul, l'unique prophète. Et Dieu lui dit : « Mais non ! Il y en a un là, il est en train de pousser sa charrue, il sera prophète après toi ! » Élie se prend pour le dernier croyant et Dieu lui rétorque : « Il y a encore sept mille hommes qui ne se sont pas prosternés devant Baal. » Cette histoire me met en garde contre ce que je crois comprendre de Dieu, et ce qu'Il souhaite. Soyons un peu modestes ! Laissons Dieu là où Il est, et parlons de ce que nous avons reçu et de la manière dont ce que nous avons reçu nous rend libres.

Je me retrouve vraiment dans cette notion de liberté dont tu parlais, Floriane. La manière dont Jésus interprète à son tour la Torah pourrait être résumée ainsi : « Vous avez reçu ces paroles et vous les vivez comme quelque chose qui vous empêche d'être libres, alors que ces paroles au contraire doivent vous rendre libres. » Les Dix Paroles, comme tu le disais très justement, Floriane, ne sont pas des règles pour nous empêcher de faire ceci ou cela, mais des jalons pour nous aider sur le chemin de la liberté. Seulement c'est tout un apprentissage. Pour grandir, l'enfant doit se cogner aux interdits qu'il aimerait bien franchir. On lui dit : « Ne fais pas ça parce que tu vas te faire mal », ou bien : « Attention, là c'est dangereux. » Ainsi l'enfant devient adulte, en intégrant ces interdits et en se disant : « Là, c'est mon chemin de liberté. » Prenons l'exemple de l'adultère. Cette Parole qui m'invite à ne pas tromper mon conjoint entrave ma liberté, si j'éprouve du désir pour quelqu'un d'autre. Et pourtant c'est exactement ce qui me permet de rester libre. Car, si j'évolue sans limites, si je succombe à mon désir pour une autre personne que mon mari, c'est que je suis soumise à ce désir. Je ne suis donc pas libre d'aimer la personne que j'ai choisi d'aimer. Voilà pourquoi les Dix Paroles représentent, à mon sens, un chemin de liberté. Et Jésus va les vivre jusqu'au bout du don de lui-même.

Au-delà de la loi et de cette notion de liberté héritées du judaïsme, le cœur du christianisme s'appelle l'espérance. Cette espérance est enracinée dans ce qu'on appelle la résurrection. Comment vit-on cette perspective selon laquelle, en dépit de tout ce qui peut advenir, ce ne sera pas la fin ? Je vais essayer d'être à la fois claire et précise. Quoi qu'il m'arrive, quoi qu'il arrive dans la société, quoi qu'il arrive dans l'histoire, Dieu peut ouvrir un nouveau chemin dans ma vie, dans la vie d'autrui, dans le monde. Dieu ouvre toujours, à nouveau, un chemin, quelle que soit l'impasse. Le théologien Jürgen Moltmann le dit ainsi :

> L'espérance chrétienne est la puissance de la résurrection qui triomphe des échecs et des défaites de la vie. Elle est la force qui fait renaître la vie des ombres de la mort. Elle est la force d'un nouveau départ que la vie rendait impossible à cause de la culpabilité. Elle est l'esprit de l'Esprit de résurrection du Christ trahi, maltraité et abandonné. Grâce à sa résurrection divine d'entre les morts, cette fin sans issue du

Christ sur la croix de Golgotha est devenue son vrai commencement[5].

Attention, affirmer la résurrection aujourd'hui ne m'interdit pas de pleurer, mais m'indique une autre réalité possible, au milieu des larmes. Si j'osais, je dirais que la résurrection est un parfait « en même temps » : nous sommes affligés dans ce monde, et en même temps consolés, relevés par la résurrection déjà à l'œuvre ici. Vous remarquerez qu'il est, disons, « facile » de croire à la résurrection dans l'au-delà. Après tout, on ne risque pas grand-chose. Si ce n'est pas vrai, on n'aura rien perdu, alors allons-y, on verra bien. La question de la résurrection au présent, dans notre vie, c'est une autre paire de manches ! Retrouver le goût de vivre et s'autoriser à éprouver de la joie après un deuil : voilà qui n'est pas simple. Laisser derrière nous les querelles stériles et abandonner le conflit, dussions-nous y perdre certaines prérogatives, simplement pour vivre libre : pas si facile ! Et se libérer du mal en pardonnant, pour vivre enfin sa propre vie, et pas celle d'une victime : que la tâche est ardue ! Pourtant, dans chacune de ces situations, je peux choisir la vie.

Quelles en sont les conséquences éthiques ? Si je reviens aux Dix Paroles, elles sont résumées ainsi par Jésus : « Tu aimeras ton Dieu… et ton prochain comme toi-même. » Ces deux indications de vie me placent toujours face à cette question gigogne : qu'est-ce que je fais, qu'est-ce que je

---

5. Jürgen Moltmann, *De commencements en recommencements*, Éditions Empreinte temps présent, 2012, p. 9.

vis, pourquoi je le fais, et, dans ma manière de vivre, est-ce que je prends en compte l'autre comme moi-même, et je rends gloire à Dieu, j'honore Dieu dans la liberté et la vie qu'Il m'a données ? Voilà ce que je peux dire du cœur du christianisme.

Au sujet des actes, Floriane, tout à l'heure, tu disais que le christianisme avait fait passer beaucoup de choses par le cœur et l'intention. C'est une question fondamentale dans notre religion. Doit-on bien faire ou avoir simplement l'intention de bien faire ? Difficile d'embrasser vingt siècles de christianisme qui ont vu se développer des traditions très diverses. Je vais me limiter à ce que je connais un peu. Le protestantisme s'est montré particulièrement attentif à tout ce qui pourrait ressembler de près ou de loin à des actes susceptibles de donner le sentiment qu'une fois ceux-ci accomplis on est en règle avec Dieu. Le protestantisme est allergique à l'idée qu'on croie « avoir fait le job ». En fait, on n'a jamais « fait le job ». D'ailleurs, on n'a pas besoin de le faire. C'est cette conviction qui traverse le protestantisme. Dieu a appelé Jésus Son « fils bien-aimé ». À travers cette parole, tous les êtres humains sont reconnus, aimés, quoi qu'ils fassent. C'est acquis. Mais alors on n'a rien à faire ? Inutile de se fatiguer ? Ce serait inachevé d'en rester là. La reconnaissance me remplit de joie. Et la joie d'être aimée, d'être rendue digne, me met en capacité d'aimer à mon tour. Le don demande à être transmis, le don appelle le don. Toute personne est libre dans sa manière de s'engager après avoir reconnu être aimée par Dieu telle qu'elle est.

On dit les pays de culture protestante très entreprenants et plutôt décomplexés vis-à-vis de la richesse. On peut trouver en effet des explications théologiques à cette manière d'agir. Les protestants s'engagent, changent les choses, développent de nouvelles idées, *parce que* sur le plan existentiel ils se savent libérés, ils savent que Dieu les aime et qu'ils sont appelés à s'engager dans le monde. Le *parce que* est important. Dans la tradition protestante, on part de l'origine : en tant qu'êtres humains, quels sont les fondements de notre liberté ? C'est la parole d'adoption qui nous fait fils et fille bien-aimée·s. Ce qui compte, c'est ce point de départ qui nous fait tenir debout dans le monde.

Afin d'illustrer ce lien entre libération et action, j'aime bien raconter l'envoi d'Abraham, dans la Genèse (12,1). Quand Dieu lui dit : « Pars de ton pays, quitte ta famille et les dieux de ton pays, et va vers le pays que Je te montrerai. » En hébreu, tu me corrigeras, Floriane, c'est « *Leh Leha* », ce qui veut dire « Va, va vers toi-même ».

FLORIANE : Oui, on souligne souvent cette subtilité...

EMMANUELLE : Dans ce récit, Abraham est envoyé, certes loin de chez lui, mais surtout vers lui-même, pour découvrir qui il est. J'aime bien mettre en parallèle la parabole du fils prodigue (Lc, 15), où Jésus raconte l'histoire du père qui a deux fils. Le second dit : « Donne-moi ma part d'héritage. » Il prend son argent, s'en va, fait la fête, dépense tout, jusqu'au moment où la famine s'abat sur le pays. Il n'a plus rien. Il devient gardien de cochons, difficile de faire pire pour un juif ! (Rires.) Il aimerait bien manger les caroubes qu'on donne aux cochons, mais personne ne lui en propose. Et il se souvient que chez son père même les serviteurs mangeaient mieux que là où il est. Alors il finit par rentrer à la maison. Ce fils a eu besoin d'aller loin pour comprendre que chez son père il avait tout pour vivre. Le fils aîné, resté auprès de sa famille, se met en colère et refuse d'assister à la fête organisée pour le retour du cadet. Il boude et dit à son père : « Tu ne m'as jamais donné un agneau pour faire la fête avec mes copains. » Le père lui répond : « Tout ce qui est à moi est à toi. Tu pouvais faire la fête avec tes copains quand tu voulais ! Tu étais libre. » Le fils aîné, resté à la maison, n'avait pas compris quelle était sa liberté. Il vivait cette relation comme une servitude et non un espace de liberté.

Pour moi, cette parabole veut faire comprendre au lecteur que Dieu ne souhaite pas notre obéissance, mais qu'Il souhaite que nous découvrions la liberté qu'Il nous donne : « Va, va pour toi. »

Être envoyé dans le monde permet de découvrir la liberté, d'expérimenter ses capacités, son intelligence, sa volonté, développer ses propres compétences, c'est aussi aller vers soi-même. Pour moi, il ne s'agit pas d'aller dans le monde pour « faire » quelque chose, mais pour découvrir comment m'y investir, ce que je peux apporter de moi-même, et comment progresser dans la connaissance de moi-même. C'est peut-être un peu confus, ce que je dis…

FLORIANE : Non, ce n'est pas confus, c'est très clair et c'est très important. J'ajouterais que « tu aimeras ton·ta prochain·e comme toi-même » est un commandement parfaitement compatible avec le choix de faire des choses pour soi. Les deux sont forcément en cohérence, parce que, si tu essaies de sauver les autres au motif que toi-même tu ne te sens pas bien, c'est franchement mal barré.

EMMANUELLE : Tu as tout à fait raison. Régulièrement, dans les relations interpersonnelles, on est confronté à cette terrible dynamique : bourreau, victime et sauveur. C'est destructeur, *quelle que soit la place qu'on prend.* On croit bien faire. On le fait vraiment parce qu'on est convaincu qu'il faut le faire. Mais ça ne tient pas, parce que celui qui a le rôle de victime va attendre d'être sauvé et ne pourra plus rien faire par lui-même. C'est vraiment un « piège à cons », ce triptyque-là.

KAHINA : Je vous écoute parler toutes les deux avant de prendre la parole parce que, je m'en rends compte à présent, c'est parfaitement cohérent d'un point de vue chronologique.

FLORIANE : Je ne partage pas ce point de vue. À mon avis il n'y a pas de chronologie entre nos religions, parce que le judaïsme d'aujourd'hui est contemporain de l'islam d'aujourd'hui et du christianisme d'aujourd'hui. D'ailleurs, il y a un effet néfaste à dire « les juifs sont nos ancêtres ». Cela conduit trop souvent au raisonnement suivant : « À l'époque ils étaient à la pointe, ils étaient le peuple élu, maintenant ils sont dépassés, et nous en sommes les héritiers. » Pardonne-moi, j'ai schématisé le problème de façon très caricaturale, mais c'est important car ce type de raisonnement a des conséquences sérieuses, qui sont au cœur d'un enseignement du mépris vis-à-vis des juifs. Jules Isaac explique cela très bien dans son livre *L'Enseignement du mépris*[6]. Je ne dis pas que c'est ta vision, mais dans les rencontres interreligieuses on me propose systématiquement de parler en premier «parce que je suis la plus vieille». Je souligne toujours l'importance de ne pas tomber dans ce travers.

KAHINA: Oui, bien sûr, je vois très bien le problème. Ce n'est pas ce que je voulais dire.

FLORIANE: J'insiste parce qu'il s'agit d'une doctrine des premiers catholiques qui considéraient le christianisme comme le *Verus Israel*[7]. Tu vois de quoi je parle, Emmanuelle? Je ne sais pas si c'est le cas aussi chez les protestants…

EMMANUELLE: Les relations entre le judaïsme et les diverses branches du christianisme sont complexes…

KAHINA: Ce que je voulais dire, c'est que dans l'évolution de la pensée religieuse, concernant notamment la façon d'aborder les questions liées à la foi, à la croyance, à Dieu…, il me semble qu'on peut voir une chronologie, non?

---

6. Grasset, 1962, rééd. 2004.

7. *Verus Israel*, ou «vrai Israël», est une expression par laquelle les chrétiens se sont désignés pendant des siècles. L'idée que l'Éternel aurait récusé son alliance avec les Juifs et l'aurait transférée sur les chrétiens a déterminé la vision que le monde chrétien a portée sur les Juifs jusqu'à la déclaration du pape Jean-Paul II à Mayence, le 17 novembre 1980.

FLORIANE : Ma façon de voir est différente. Nous avons un ancêtre commun qui est le judaïsme du Ier siècle. À partir de là, nous avons vécu des évolutions différentes, qui se sont séparées à un certain moment. Par exemple, le christianisme est allé vers plus de théologie, alors que le judaïsme a suivi une tradition de pratique.

KAHINA : Il a suivi une tradition, donc il y a toujours un lien. Le judaïsme d'aujourd'hui n'est pas complètement étranger au judaïsme des origines.

FLORIANE : C'est discutable parce que, si l'on parle des origines, le judaïsme du Premier Temple était fondé sur le culte des sacrifices. Le Talmud n'existait pas. Les juifs ne faisaient pas chabbat du tout de la même façon. Le judaïsme ne cesse de se réinventer et connaît des changements fondamentaux au cours de son histoire. Par exemple, depuis la Révolution française, le judaïsme a tendance à devenir beaucoup plus religieux.

KAHINA : En fait, Floriane, je pense qu'on ne sera peut-être pas d'accord, et c'est normal, ce n'est pas un problème. Mais ma vision des choses est qu'il y a non seulement une évolution interne à chacune des trois religions – l'islam d'aujourd'hui n'est pas celui du VIIe siècle, de même le judaïsme et le christianisme –, mais il y a aussi une évolution du monothéisme en général. L'islam se définit comme la troisième branche dans l'ordre d'apparition des religions abrahamiques. C'est vraiment ce que je perçois. Voilà pourquoi, lorsque tu entames la discussion et qu'ensuite vient le tour d'Emmanuelle, pour moi le propos s'articule comme une suite logique des différentes expressions religieuses du monothéisme.

FLORIANE : Alors, en effet, il n'y a aucun problème à ne pas tomber d'accord. (Rires.) Je vais essayer de préciser mon propos. Je revendique – vraiment j'insiste –, je revendique cette vision selon laquelle il n'y a pas d'évolution logique vers plus de théologie ou vers plus d'engagement social. Les fondateurs du Bund[8], le parti ouvrier juif et universaliste né en Russie à la fin du XIXe siècle, s'inscrivent pour moi dans une évolution tout aussi logique que les Massorti-*conservative* américains[9]. Pour moi, il est très important que les différentes expressions de cette inspiration de liberté soient vraiment mises au même plan en termes de légitimité. C'est tout à fait logique que l'on aille vers plus de théologie, mais on peut aussi aller vers moins de théologie, et je trouve ces deux options tout aussi cohérentes. Passer de l'idolâtrie à la monolâtrie, puis au monothéisme, pour se diriger finalement vers un monothéisme de plus en plus abstrait, c'est un choix qui fonctionne aussi. En fait, si je deviens un peu militante à ce sujet-là, c'est parce qu'il existe une tendance à réduire le judaïsme à ce

---

8. Le Bund est l'Union générale des travailleurs juifs de Lituanie, de Pologne et de Russie, créée au congrès de Vilnius en septembre 1897.

9. La tendance *conservative* aux États-Unis, ou « Massorti » en Israël et ailleurs, est une tendance héritière de l'approche historico-critique de Zecharias Frankel au milieu du XIXe siècle. On peut la considérer comme intermédiaire entre les libéraux et les orthodoxes, nés à la même époque dans le contexte historique européen.

qu'il a pu être. Si je suis chrétienne, le judaïsme c'est cette chose merveilleuse qui existait dans le passé, qui nous a inspirés et qu'on a dépassée. C'est un peu ce qu'on retrouve dans les manuels scolaires. Il y a les Hébreux, ensuite plus rien jusqu'à la Shoah, puis la création de l'État d'Israël et le conflit israélo-palestinien. Je ne néglige pas ces événements, évidemment. Mais est-ce que c'est représentatif de trois millénaires de vie juive et de tradition de pensée ?

KAHINA : En effet, je comprends ce que tu veux dire. Et ce n'est pas du tout ce que je pense, tu t'en doutes bien. Moi j'ai plutôt en tête, par exemple, la contemporanéité de Maïmonide et Averroès. Leur pensée respective était riche et féconde sur les questions théologiques. Maïmonide a écrit en arabe un monument de la pensée juive. Dans son ouvrage *Le Guide des égarés*, dans lequel il s'emploie à rapprocher l'interprétation théologique de la Torah et la spéculation philosophique, il s'appuie sur les travaux de philosophes arabes et persans tels al-Fârâbî et Avicenne.

FLORIANE : Ah oui ! Tu as raison, je te rejoins complètement, c'est passionnant. Voilà ce qui devrait figurer dans les livres d'histoire.

KAHINA : Mais oui !

FLORIANE : Pour clore cette longue réflexion autour de la liberté dans la tradition juive, j'aimerais juste dire un mot à propos d'une notion compliquée à définir : la foi. *Emouna* en hébreu signifie plutôt « être fidèle » qu'« être croyant ».

J'aime bien la définition d'Erich Fromm : lorsqu'on dit « amen », on ne dit pas « j'y crois » mais « je suis là ».

> L'homme religieux authentique a foi dans les principes que « dieu » représente ; il pense la vérité, vit l'amour et la justice, et il ne donne de prix à son existence que dans la mesure où il y trouve l'occasion d'épanouir au maximum ses virtualités humaines – seule chose qui importe, seul sujet de « préoccupation ultime » ; en fin de compte, il ne parle pas de Dieu ni ne mentionne même Son nom[10].

Faut-il croire en l'Éternel ? Faut-il croire dans les récits bibliques ? La sortie d'Égypte est l'événement fondateur du judaïsme, célébré chaque année durant la semaine de Pessa'h, la Pâque juive. Je rappelle l'histoire : les Égyptiens ont réduit les enfants d'Israël en esclavage, dans un premier temps, Pharaon a refusé de les libérer malgré les plaies qui ont touché son pays, il a finalement dû les laisser partir, les Hébreux se sont alors enfuis dans le désert où ils ont reçu une nouvelle loi avant d'entrer en Canaan, après de nombreuses péripéties. Autrement dit, la liberté précède la loi. Durant le seder, le repas de famille que l'on organise pour célébrer cette libération du peuple, nous avons le commandement de faire revivre aux enfants ce qui s'est passé ce jour-là. Nous en faisons le récit à la première personne, comme dans une pièce de théâtre : « Nous étions esclaves du Pharaon

---

10. Erich Fromm, *L'Art d'aimer*, Pocket, 2016, p. 105.

en Égypte, et l'Éternel, notre guide, nous a faits sortir de là d'une main forte et d'un bras étendu. Si le Saint Béni soit-Il n'avait pas sorti nos ancêtres d'Égypte, alors nous, nos enfants et nos petits-enfants serions restés asservis au Pharaon en Égypte. » Ma fille sait bien que je ne suis pas sortie d'Égypte, que je n'ai pas vécu au temps des pharaons. Et nous n'avons d'ailleurs aucune certitude historique sur cette histoire. Mais ai-je besoin que les choses soient prouvées pour parler de liberté avec ma fille ? Nous croyons à la liberté. Nous croyons d'une part que nous sommes libres par essence puisque nous avons été créées « à l'image de Dieu », selon l'expression employée dans le Pentateuque (Gn 1:26-27), et d'autre part que nous sommes libres parce que après avoir été esclaves nous avons été libéré·es. Et cette liberté est acquise de façon absolue. Nous avons été sauvé·es. De ce point de vue-là, le Messie pour les chrétiens est peut-être l'équivalent de la sortie d'Égypte pour les Juifs.

EMMANUELLE : Oui, tout à fait.

KAHINA : C'est passionnant de constater à la fois les ressemblances et les différentes façons dont les événements ont été compris.

EMMANUELLE : Oui, je suis enrichie par ce que Floriane nous raconte du judaïsme. Par cette complémentarité dans la manière de vivre et de voir les choses.

Au sujet du mot « foi », on lui trouve au moins deux sens dans le Nouveau Testament. La foi, c'est d'abord celle du Christ. Il a fait confiance au Père, complètement. Le Christ est resté jusqu'au bout dans une non-violence active, dans son comportement, dans ses paroles. Il s'est positionné en mettant toujours en avant la liberté de l'être humain donnée par Dieu, il est mort de ce qu'il avait dit. Sur la croix, il crie: «Mon Dieu, mon Dieu, pourquoi m'as-tu abandonné?» Quelle est cette confiance paradoxale qui lui fait crier vers Dieu pour Lui reprocher son absence? Cette confiance du Christ en son Père lui a fait traverser la mort et accueillir la vie que rien ne peut plus atteindre. Ce lien de foi, ce lien de confiance entre le Père et le Fils est exemplaire. Et puis cette confiance du Christ en son Père, c'est aussi sa confiance envers les humains. Il nous fait confiance pour recevoir une parole de libération et en vivre. Souvent, j'entends: «Je n'ai pas la foi, j'aimerais, mais je ne l'ai pas...» Dans ces cas-là, je réponds: «Ce qui compte ce n'est pas votre foi, c'est la foi du Christ en vous, la confiance que Dieu met en vous.» Pour moi, le plus important, c'est ce qui nous est donné à travers cette confiance de Dieu vis-à-vis de nous. Après, on peut parler de la foi en retour, mais c'est simplement notre réponse, qui consiste à avoir un tout petit peu confiance dans cette confiance qui nous est donnée. Parfois, juste de temps en temps, on arrive à attraper la main. Pour moi c'est ça, la foi.

La puissance de vie donnée par Dieu nous dit à chaque instant: «Allez, vas-y, mets-toi en route, tu as de la force, tu as des compétences, tu as des capacités, vas-y!» Seulement, la plupart du temps, on n'y croit pas. Ou bien on se met en mouvement pour de mauvaises raisons, l'ambition, le pouvoir, la peur, etc. Pendant le premier confinement, je consultais régulièrement ce que postait frère Alois, le responsable de la communauté de Taizé[11], sur leur site. Un jour, il a écrit ceci : « Cessez de vous dire : pourquoi cette épidémie… Posez-vous juste la question : bon, alors maintenant on fait quoi ? » Pour moi, c'est un magnifique résumé de la vie chrétienne.

Allez, on a assez parlé, à toi Kahina, on t'écoute !

KAHINA : Je vais commencer par définir ce que l'islam n'est pas. On a souvent tendance à réduire l'islam et des pans entiers de sa pensée – résultat d'une évolution qui s'est opérée sur une période de plus de quatorze siècles – aux pratiques de certains courants fondamentalistes, et je trouve ça dommage. Cela nous plonge tous dans l'ignorance, les raccourcis, les préjugés, et nous empêche de nous rapprocher les uns des autres par une connaissance et une reconnaissance profondes et justes. Alors d'abord j'aimerais dire que l'islam n'est pas la charia. « Oui, mais les musulmans veulent étendre la charia partout dans le monde, pour qu'elle remplace la loi de la République… » J'insiste, l'islam n'est pas la charia. Par ailleurs, le mot « charia » peut prendre un sens allant du plus mystique au plus normatif. Lorsqu'il emploie dans son œuvre le mot « charia », le

11. Installée dans un petit village de Saône-et-Loire, la communauté de Taizé rassemble aujourd'hui une centaine de frères de toutes origines chrétiennes et géographiques, qui s'engagent dans le célibat, la vie commune et la simplicité. Elle a été fondée par frère Roger, durant la Seconde Guerre mondiale. Depuis 2005, frère Alois en est le prieur. La vie de la communauté est rythmée par trois temps de prière ouverts à tous. Taizé accueille des jeunes venant de partout et a essaimé des petites fraternités dans le monde entier.

penseur mystique Ibn 'Arabî[12] parle d'une voie de réalisation spirituelle. Et lorsque ce mot est utilisé par les courants fondamentalistes, c'est parce qu'ils ne connaissent aucune autre façon de lire les textes, pour eux la religion se limite à des normes et des rituels. Or la charia n'est pas un corpus de lois bien déterminé. Si on regarde l'étymologie du mot, « charia » désigne d'abord la voie, ou la route. Et il n'apparaît dans le texte coranique qu'à trois reprises. Les voici.

Le verset 48 de la sourate 5. « ...Pour chacun, Nous avons établi, procédant de vous-mêmes, une large voie (*chir'a*) et une ligne de conduite bien tracée... » Ce verset désigne justement la diversité des voies de réalisation voulues par Dieu, c'est-à-dire que la Coran reconnaît le judaïsme et le christianisme comme autres voies de guidance.

Le verset 13 de la sourate 42. « Il a établi (*charra'a*) pour vous, en matière de culte dû, ce qu'Il avait enjoint à Noé, et ce que Nous t'avons inspiré, et ce que Nous avions enjoint à Abraham, et à Moïse, et à Jésus : "Accomplissez le culte dû et ne vous divisez point à son sujet..." »

Le verset 18 de la sourate 45. « Puis, Nous t'avons placé sur une large voie (*chari'a*) procédant de l'ordre. »

Lorsqu'on emploie le mot « charia » aujourd'hui, notamment dans les médias, il fait référence pour moi à la « jurisprudence musulmane », qu'on appelle en arabe le *fiqh*.

---

12. Muhyi al-Dîn Ibn 'Arabî est né en 1165 à Murcie, en Andalousie musulmane, et est décédé en 1240 à Damas (où l'on peut visiter son tombeau). Il est connu sous le nom d'al-Cheikh al-Akbar ou « le plus grand maître ». Il est théologien, jurisconsulte, poète soufi, métaphysicien et philosophe andalou. Il est l'un des penseurs les plus remarquables de l'histoire de la pensée spirituelle et mystique mondiale et musulmane.

Il s'agit d'un corpus élaboré des siècles après la mort du Prophète par des jurisconsultes qui ont souvent élevé, dans ce processus, de simples traditions au rang de règles écrites et religieuses. Ce qu'il faut savoir, c'est que la rédaction a précédé la recherche des sources. On est allé trouver dans les textes, *a posteriori*, des versets pour légitimer certaines règles.

L'islam n'est pas non plus le foulard. J'ai été choquée, au moment des attentats contre la mosquée de Christchurch en Nouvelle-Zélande, de voir la Première ministre Jacinda Ardern porter le foulard pour manifester son empathie envers les musulmans. En quoi le foulard serait-il le symbole exclusif de l'islam ? Le foulard n'est pas musulman, il a des origines qui sont beaucoup plus anciennes que l'islam. Des courants où l'on se couvre la tête existent dans le judaïsme, le christianisme, et même dans certaines traditions très éloignées du monothéisme. Le voile est donc non musulman. Il est surtout patriarcal. Si les intégristes en ont fait leur étendard, c'est parce que leur idéologie repose sur la domination. Le corps de la femme est pour eux un objet qui appartient à l'homme, qui a donc le droit de le contrôler.

Après ces deux mises au point, je vais tenter d'expliquer ce qu'est l'islam. D'abord, comme je le disais tout à l'heure, l'islam se définit comme une branche des religions abrahamiques, monothéistes, et donc fondée sur l'idée d'unicité. Mais de quoi parle-t-on ? L'unicité est un dogme que la pensée musulmane a placé à différents niveaux de compréhension au cours de l'histoire. Certains très superficiels, avec un Dieu tout de blanc vêtu, assis sur Son trône au septième ciel, complètement séparé de Sa Création.

D'autres beaucoup plus spirituelles, plus mystiques. En tout cas durant des siècles et des siècles, la question a occupé les penseurs, et de nombreux courants se sont opposés, car si l'on parle d'un Dieu unique et d'un texte incréé, cela veut dire qu'il y a une dualité. Dieu Se serait-Il scindé en deux ? C'est le courant mutazilite qui a verbalisé les choses de cette manière-là. Il y a une vision plus mystique, que je trouve beaucoup plus intéressante, évoquant une transcendance divine qui nous échappe totalement et une immanence qui nous permet de commencer à connaître quelque chose de la manifestation de Dieu.

Entrons dans le détail. Il existe une tradition attribuée au Prophète selon laquelle l'islam peut être vécu à différents niveaux. L'islam du premier niveau serait la pratique des divers piliers. Le premier est la profession de foi, la Shahada, que l'on récite pour devenir musulman : « Il n'y a pas d'autre dieu que Dieu, et Muhammad est Son prophète », ce qui signifie que l'on croit à l'unicité de Dieu, et au fait que Muhammad est Son prophète. Il faut y adhérer par un assentiment sincère du cœur, et cela se passe entre le croyant et Dieu. Il n'y a pas besoin d'un imam ou d'une quelconque autorité religieuse. J'insiste sur ce lien direct entre le croyant et Dieu. Tu te convertis tout seul dans ta chambre si tu veux. C'est pour cette raison qu'il n'y a pas de clergé dans l'islam sunnite, en théorie. De ce baptême parfaitement autonome découle toute la structure de la religion musulmane.

Le deuxième pilier est la prière. Sur quel texte s'appuie-t-on pour dire qu'elle fait partie des piliers de la pratique religieuse ? Contrairement à Jésus, le Prophète n'a pas réalisé énormément de miracles. Néanmoins, on lui en connaît au moins deux : le voyage nocturne (Isra) et l'ascension céleste (Miraj). Voilà l'histoire. Tout commence par un voyage en pleine nuit. Le Prophète se serait déplacé de La Mecque à Jérusalem en l'espace de quelques secondes. Pour certains mystiques, il ne s'agit pas d'un déplacement physique, mais d'un voyage spirituel. Pour les autres, le Prophète s'est réellement téléporté. Dès lors, certains évoquent une créature surnaturelle, mi-aigle mi-cheval, que l'on appelle Bouraq. Arrivé à Jérusalem, il monte jusqu'à Dieu en traversant les sept cieux. Une ascension céleste au cours de laquelle il croise plusieurs prophètes, parmi lesquels Abraham, Jésus et Moïse. Une fois qu'il est tout en haut, Dieu lui transmet la prière. À côté, l'archange Gabriel mime les ablutions et la gestuelle ou le rituel, et le Prophète reproduit les gestes afin de les retenir. Finalement Dieu clôt leur rencontre en prescrivant aux musulmans d'accomplir cette prière cinquante fois par jour ! N'osant rien dire devant le Seigneur, le Prophète entame sa redescente. Sur le chemin il croise Moïse qui lui dit : Mais, malheureux, comment veux-tu qu'ils respectent cinquante prières par jour ? Ils n'y arriveront jamais. Retournes-y pour demander un petit allègement. Le Prophète remonte et dit au Seigneur : Mon Dieu, je pense que ma communauté n'arrivera jamais à respecter ce Commandement. Dieu accepte de baisser à quarante-cinq prières par jour. Le Prophète redescend, recroise Moïse qui lui conseille de remonter pour réclamer une réduction supplémentaire. Et ainsi de suite pour arriver finalement au chiffre de cinq prières par jour.

Je vais maintenant vous expliquer en quoi consiste la prière. D'abord, on fait les ablutions. On commence par se laver les mains, puis la bouche, le nez, les yeux, et tout le visage. On remonte ensuite des mains jusqu'aux coudes, puis on passe aux oreilles, toute la tête, et on termine par les pieds. L'important dans ce rituel, c'est la symbolique de purification des sens. On lave son corps et son âme des erreurs ou péchés que l'on a pu commettre entre deux prières, car il faut être pur pour entrer dans ce moment sacré durant lequel on va s'adresser à Dieu. Après les ablutions, on fait l'appel à la prière. Dans les pays musulmans, il est chanté par le muezzin depuis la mosquée. Mais on peut aussi le faire pour soi, silencieusement. C'est comme une introduction qui dit ceci : « *Allahu akbar Allahu akbar*, Dieu est grand. Je témoigne qu'il n'y a de dieu que Dieu et que Muhammad est Son prophète. Venez à la prière. Venez à la prière et venez à la bienfaisance. La prière commence. *Allahu akbar Allahu akbar.* »

On entre alors dans la prière et on démarre par une salutation. De nouveau, on répète « *Allahu akbar* » en levant les mains. Je salue Dieu, et j'accueille ce moment de dialogue intime autant que Ses bienfaits sur moi. Ensuite les prières diffèrent selon les moments de la journée. Mais on répète à peu près les mêmes gestes. Il y a la prosternation durant laquelle on récite la Fâtiha, première sourate du Coran. Puis on récite les versets de son choix. On ponctue par « Louange à Dieu » en s'inclinant, et « Je rends grâce à Dieu » en remontant. À ce moment-là, on est vraiment dans la gratitude pour tout ce qu'Il nous a donné. On poursuit avec la prosternation, le front à terre. Et on dit : « Louange au Plus Haut. » Quand on y pense, c'est très imagé, cette opposition entre le croyant au plus bas qui rend grâce à

Dieu au Plus Haut. C'est à ce moment qu'on reconnaît vraiment sa condition de serviteur de Dieu. Mais là encore, toutes les interprétations ne vont pas dans le même sens. Ibn Arabî, par exemple, voit dans cet enchaînement de positions la symbolique des différents règnes que Dieu a créés sur terre et auxquels l'être humain, successeur de Dieu, va rendre hommage. Debout pour le règne humain, incliné pour le règne animal, assis pour le monde minéral, et prosterné pour le règne végétal. D'autres encore pensent qu'à travers ces positions l'être humain mime les différentes étapes de la vie (bébé, enfant, adulte et vieillard), pour former une boucle qui va symboliser l'unicité de Dieu. Je reviendrai sur les notions de serviteur et successeur de Dieu, mais je voudrais d'abord faire le tour des cinq piliers.

Le troisième pilier est l'aumône, la *zakat*. Il y a toute une éthique qui se met en place autour de la *zakat*. Non seulement la répartition des richesses : à partir d'un certain niveau, une personne fortunée doit donner cette aumône légale pour redistribuer les ressources dans la société. Mais aussi, si l'on revient à l'étymologie du mot *zakat*, il contient l'idée de purification. Et cette purification englobe deux choses. Tu as travaillé pendant un certain temps pour acquérir des richesses, et pendant ce temps-là tu as probablement laissé de côté les actes généreux, la spiritualité, ou bien l'adoration de Dieu. L'acquisition de ces richesses n'est donc pas pure, elle est entachée d'un certain égoïsme. Par ailleurs, lors de cette production de richesse, il arrive que l'on commette des injustices, parfois envers les collègues, ou envers ses employés si on est chef d'entreprise. La *zakat* permet non seulement de purifier les richesses qu'on a acquises, mais aussi son âme.

Quatrième pilier de l'islam : le jeûne. Je dis bien le jeûne parce que, au départ, ce n'était pas le ramadan, mais l'Achoura. L'histoire que l'on raconte est la suivante. En 622, le Prophète et ses compagnons quittent La Mecque pour rejoindre l'oasis de Yathrib, ancien nom de Médine. C'est ce déplacement qu'on appelle l'hégire. En arrivant à Médine, il fait la rencontre de plusieurs tribus juives qui ce jour-là sont en train de jeûner. Le Prophète leur demande pourquoi. Et les juifs répondent : « Nous rendons hommage à Moïse, qui a quitté l'Égypte. » Les sources musulmanes nous disent qu'il s'agissait en fait de la célébration de Yom Kippour. Le problème évidemment, c'est que dans le judaïsme, Yom Kippour, c'est le jour du Grand Pardon, qui n'a rien à voir avec la sortie d'Égypte. J'ai fait des recherches parce que vraiment ça m'intrigue, mais je n'ai toujours pas trouvé d'explication. Peut-être que tu pourras m'éclairer sur cette question, Floriane.

FLORIANE : Je note pour ne pas oublier, je ne veux pas t'interrompre.

KAHINA : Je continue. Les juifs expliquent donc pourquoi ils jeûnent. À ce moment-là, le Prophète déclare : « Je suis autant digne que vous de l'héritage de Moïse. En tant que prophète, moi aussi je souhaite lui rendre hommage. » Et il institue ce jour-là comme jour de jeûne obligatoire pour les musulmans. Voilà ce que l'on peut dire sur l'origine de la pratique du jeûne. En ce qui concerne le jeûne du mois de ramadan tel qu'on le connaît aujourd'hui, il est bel et bien présent dans le Coran. Mais est-il obligatoire ? Il y a eu sur cette question-là énormément de controverses au cours de l'histoire, et il y en aura d'autres, sans doute. Mais j'aimerais plutôt qu'on se penche sur le sens que l'on donne au ramadan. Là encore, il est multiple. C'est d'abord une expérience qui permet de ressentir la faim, et donc d'entrer en empathie avec les plus pauvres qui n'ont pas assez à manger. Et puis pour les mystiques, une fois de plus, elle va beaucoup plus loin. Le jeûne est un moyen d'affaiblir les forces physiques pour libérer sa sensibilité spirituelle. Nous faisons l'expérience de la vacuité pour laisser au divin la place d'entrer en nous. D'ailleurs le jeûne est dans un premier temps une pratique observée par les ascètes, y compris dans le christianisme. Alors, lorsqu'on me parle du côté festif du ramadan, et des grandes tablées que l'on prépare le soir, je ne peux pas m'empêcher de rappeler qu'on a détourné le sens originel de cette tradition. L'idée n'est pas de penser toute la journée à ce que l'on va manger le soir et comment on va fêter la rupture du jeûne, même s'il est normal et souhaitable de vivre le ramadan dans la convivialité. Et maintenant je vais aborder le dernier pilier, le pèlerinage. Mais d'abord, Floriane, j'aimerais que tu m'éclaires sur l'histoire du jeûne de Yom Kippour.

FLORIANE : C'est vraiment intéressant. Pour cette question, j'ai deux hypothèses. La référence à Yom Kippour est crédible, puisqu'on raconte que la faute du Veau d'or a été pardonnée ce jour-là ; or, Moïse se trouve impliqué puisqu'il était avec l'Éternel sur le mont Sinaï, pendant que les enfants d'Israël construisaient le veau d'or. C'est d'ailleurs pour cette raison qu'il a brisé les Tables de la Loi. Donc première hypothèse : les juifs rencontrés par le Prophète à Médine étaient bel et bien en train d'accomplir le jeûne de Yom Kippour.

KAHINA : Mais Yom Kippour, dans le judaïsme, c'est le jour du Grand Pardon, n'est-ce pas ?

FLORIANE : Plutôt que de Grand Pardon, je préfère parler de « grand bilan ». Ce jour-là, on fait la balance entre nos fautes et nos accomplissements, et on regarde si ça penche du bon côté. C'est valable d'un point de vue personnel, mais aussi pour le groupe et même pour toute l'humanité. On examine si les bonnes choses compensent les mauvaises. C'est un peu comme pour le climat. Est-ce que ça s'emballe ? Est-ce qu'on est trop près du précipice ? Avons-nous encore une marge de manœuvre ?

Je pense à une deuxième hypothèse à propos de cette rencontre entre le Prophète et ces juifs qui jeûnaient pour « rendre hommage à Moïse ». Il y a un autre grand jeûne dans le judaïsme, celui du 9 Av, que l'on qualifie de jour le plus triste du calendrier hébraïque. C'est celui où l'on commémore une série de calamités pour le peuple juif, la plus dramatique sur le plan historique étant la destruction des deux Temples, qui étaient la colonne vertébrale du judaïsme entre – 1000 et + 70. La plus romanesque de ces calamités est associée à « la faute des explorateurs » (Nb. 13 et 14). Arrivés devant Canaan, les Juifs doivent se préparer à la confrontation avec les Cananéens. Afin de mettre toutes les chances de leur côté, Moïse décide d'envoyer douze éclaireurs, un pour chaque tribu d'Israël. Au cours de leur exploration, les douze espions collectent des preuves que la terre est riche et fertile : vous avez sans doute en tête l'image de l'énorme grappe de raisin portée par deux hommes à l'aide d'un bâton. Pourtant, à leur retour, les explorateurs exposent à la communauté une vision très pessimiste. Pour eux, les Cananéens sont bien trop forts et les enfants d'Israël auraient intérêt à faire demi-tour. Seuls deux des douze espions s'opposent à ce compte rendu : Caleb et Yeochoua. Et le Dieu biblique entre dans une colère noire. « Si vous ne voulez pas entrer en Israël, leur dit-il, vous n'y entrerez pas. Vous allez passer quarante ans dans le désert, et vous mourrez tous. Seuls vos enfants entreront dans le pays. » Là encore, Moïse est directement impliqué, puisque c'est lui qui envoie les douze explorateurs en Canaan.

KAHINA : En effet, les deux hypothèses fonctionnent. On ne tranchera pas aujourd'hui. (Rires.) Si vous le voulez bien, je termine mon exposé sur les piliers de l'islam, le cinquième et dernier étant, comme je le disais, le pèlerinage. Ce n'est pas une obligation. Si on est en bonne santé et qu'on ait les moyens financiers, c'est bien de le faire. Une journaliste m'a demandé un jour : « Alors, vous avez fait le pèlerinage ? » J'étais éberluée par sa question. J'avais en tête les recommandations de mes grands-parents : l'argent sert à construire sa maison, à élever ses enfants, payer leurs études et les accompagner jusqu'à ce qu'ils aient trouvé leur voie. Une fois que l'on a accompli tout cela, alors on peut envisager de faire le pèlerinage. Dans quel but le fait-on ? Il y a une expression arabe qui dit : « Pour laver ses os. » C'est assez imagé, il me semble. On fait le pèlerinage pour alléger le poids de tout ce qu'on a pu éprouver, et se purifier une dernière fois avant la fin de sa vie. Pour moi, c'est un accomplissement.

Voilà pour les cinq piliers de la pratique religieuse dans l'islam.

Maintenant qu'on a fait le tour de la pratique, je voudrais vous parler du deuxième niveau de l'islam : la foi. Le mot arabe qui signifie « foi », c'est *imân*, qui contient aussi l'idée de confiance. Une confiance mutuelle. Dieu nous fait confiance et nous Lui faisons confiance. C'est vraiment une relation d'équilibre. Mais en quoi un musulman doit-il croire ? Avant tout en Dieu et en Son unicité. Il doit aussi croire aux messagers de Dieu, le premier étant Adam, et le dernier le Prophète Muhammad. Croire également à la Torah, aux psaumes et à l'évangile de Jésus. Croire aux anges et au jour dernier. Enfin, sixième point, croire à la prédestination, qu'elle soit bonne ou mauvaise. Une doctrine défendue principalement par les sunnites, que l'on appelle le *qadar*, et à laquelle d'autres écoles théologiques n'adhèrent pas du tout. Cette croyance a donné lieu à des débats et des discussions infinies autour d'un paradoxe que l'on peut résumer ainsi : non seulement je te prédestine à faire le mal, mais en plus le jour dernier je te brûlerai en enfer. Difficile d'imaginer que Dieu puisse Se montrer aussi injuste, n'est-ce pas ? Les mutazilites, par exemple, n'y croient pas du tout. Eux mettent en avant la notion de libre arbitre, et donc la capacité de l'être humain à choisir son destin.

FLORIANE : Est-ce que tu considères qu'il existe une idée de soumission dans l'islam ?

KAHINA : Une certaine vision très naïve de l'islam consiste à croire que le musulman doit être soumis, tout le temps, à chaque instant, presque dans une sorte de programmation de l'esprit. Il s'agit d'une soumission à Dieu, évidemment. Dans les courants rationalistes, l'approche est différente puisque l'être humain décide de son destin. Si on revient au texte coranique, on retrouve le mot *islam* issu de la racine *salam*, sous une forme verbale, *aslama* qui veut dire « conserver en bon état », « préserver », « se garder sain et sauf », « se mettre en sécurité ». On retrouve aussi les expressions « cœur sain » (*salîm*), « j'ai livré » (*aslamtu*) entièrement mon être à Dieu ou « j'ai remis » mon être à Dieu. L'idée de soumission qu'on met en avant aujourd'hui suppose un certain abaissement, voire une humiliation, une contrainte. Cette idée vient de certaines lectures orientalistes fortement influencées par les discours des jurisconsultes (les oulémas) qui ont défini l'islam comme la « soumission à la religion », c'est-à-dire à sa pratique cultuelle, l'obéissance aussi sincère qu'inconditionnelle à la législation religieuse. C'est à partir de ces redéfinitions post-coranique qu'on a fini par poser l'idée d'une religion de soumission et de résignation. Par ailleurs, l'analyse littérale des huit occurrences du mot *islam* dans le texte coranique[13] montre qu'aucun de ces termes ne qualifie la religion qui porte ce

---

13. Le mot *islam* apparaît dans le Coran à huit reprises (S6:V125 ; S39:V22 ; S:V19 ; S3:V85 ; S5:V3 ; S9:V74 ; S49:V17 ; S61:V7).

nom aujourd'hui. « Islam » dans le Coran exprime systématiquement l'idée de « la voie [*dīn*] spirituelle de l'abandon plénier de soi à Dieu [*al-islām*][14] ». Ainsi, on peut conclure que le mot « islam » dans le Coran est un néologisme qui désigne une voie spirituelle de réalisation caractérisée par la remise confiante en Dieu, et non une idée de soumission à la religion ou à Dieu telle que l'islam contemporain en fait l'amalgame.

Il existe une autre vision, plus mystique, qui me plaît : c'est le fait de croire à la présence d'une force qui nous dépasse tous, et qui à chaque instant nous accorde la vie. Je suis soumis à la volonté divine d'exister car Dieu seul détient la véritable existence et nous ne sommes que des êtres contingents. Je n'ai pas choisi ma naissance, je ne choisirai pas ma mort. Si j'existe en cet instant, ce n'est que parce que Dieu m'a donné la vie, la seule véritable existence est celle de Dieu. Nous ne faisons que Lui emprunter cette existence. Et un jour, nous retournerons à cette véritable existence en Dieu. Parmi les noms que dans l'islam on donne à Dieu on trouve l'« Existant », ou le « Réel ». Par ailleurs, quand quelqu'un meurt, nous prononçons cette phrase : « À Dieu nous appartenons, et à Dieu nous retournons. »

J'aimerais maintenant évoquer la tradition prophétique. L'histoire que je veux vous raconter se déroule pendant la période qu'on appelle la « génération des compagnons ». Le Prophète est assis avec ses amis quand arrive un homme

---

14. Moreno al-Ajamî, « Islam, selon le Coran », orientxxi.info, 1er février 2017.

tout de blanc vêtu. Aucune trace de la fatigue d'un voyage sur son visage. Il s'accroupit, les genoux collés à ceux du Prophète, et lui demande : « Qu'est-ce pour toi, l'islam ? » Alors le Prophète lui expose ce que je viens de vous expliquer. « Tu as dit vrai, acquiesce l'homme. Et qu'est-ce que la foi ? » Le Prophète poursuit en énumérant les croyances que j'ai citées. « Tu as dit vrai, répond l'homme. Et qu'est-ce que l'excellence ? » Le Prophète réfléchit un instant et lui dit : « C'est de te comporter comme si tu voyais Dieu, car même si toi tu ne Le vois pas, Lui te voit. – Tu as dit vrai », conclut l'homme avant de repartir. Interloqués, les compagnons se tournent vers le Prophète et lui demandent qui était cet homme. « C'était l'archange Gabriel, leur dit-il. Il est venu vous enseigner votre religion. » Ce que j'aime dans cette tradition très synthétique, c'est qu'elle oblige à regarder, au-delà de la pratique des rituels et des croyances, un horizon où se situe l'excellence du comportement, la purification du cœur et des intentions, autrement dit la spiritualité.

Parmi les grands mystiques qui ont développé une pensée fascinante sur ce sujet, Ibn Arabî parle de l'être humain accompli. Quel est mon rôle, quelle est ma place en tant qu'être humain dans cet univers ? À l'opposé de cette idée de soumission que tout le monde rattache à l'islam, le Coran présente un autre versant de l'existence de l'être humain, celui de successeur de Dieu sur terre. Prenons le verset 30 de la sourate 2, qui raconte un dialogue entre Dieu et les anges au sujet de la création d'Adam.

> Lorsque Ton Seigneur confia aux Anges : « Je vais établir sur la terre un vicaire [*khalifa*] », Ils dirent :

> « Vas-Tu y désigner un qui y mettra le désordre et répandra le sang, quand nous sommes là à Te sanctifier et à Te glorifier ? » Il dit : « En vérité, Je sais ce que vous ne savez pas ! »

Être successeur de Dieu sur terre, c'est à la fois une mission et une responsabilité. La mission consiste à faire en sorte d'acquérir des qualités divines, consacrer sa vie à devenir la meilleure version de soi-même ; et la responsabilité, à prendre soin de l'univers, de la Création de Dieu. Dans le texte coranique, l'être humain est qualifié tantôt de serviteur, tantôt de successeur de Dieu. Deux qualités qui se complètent.

Jour 4

La question féministe est essentielle aujourd'hui. Comment vous définiriez-vous ? Féministes, ou pas ? Et qu'en disent les textes ?

KAHINA : Se demander si les textes religieux sont féministes ou misogynes est une question qui relève de la malhonnêteté intellectuelle. Premièrement, elle est complètement anachronique. Le texte coranique est un reflet de la société musulmane de la péninsule Arabique au VIIe siècle. Pour le comprendre, il faut le remettre dans son contexte, d'où l'importance de la lecture historico-critique. Prenons une fois encore l'exemple du foulard. Je l'ai dit et je le répète : à aucun moment il n'est fait mention dans le Coran d'une quelconque obligation de le porter. Quelques versets évoquent de façon très vague, sans jamais le définir clairement, un vêtement porté par les femmes. Pourtant certains exégètes y ont vu une prescription et une injonction divine qui obligerait la femme à se couvrir la tête et les cheveux… Si j'ai envie de trouver dans le corpus coranique des textes misogynes, je les trouverai. Si j'ai envie de trouver des versets féministes, je les trouverai aussi. Un exemple pour nos lecteurs. Des femmes dans l'entourage du Prophète se sont posé la question du masculin qui domine le féminin dans le discours coranique : celui-ci ne s'adressait-il qu'aux hommes ? Alors le verset 35 de la sourate 33 a été révélé afin de les convaincre du contraire :

> Ceux et celles qui se soumettent à Dieu, ceux et celles qui croient, les personnes pieuses des deux sexes, ceux et celles qui sont véridiques, les patients et les patientes, les déférents et les déférentes, ceux et celles qui pratiquent la charité, ceux et celles qui jeûnent, ceux et celles qui sont chastes, ceux et celles qui invoquent souvent le nom de Dieu, tous et toutes obtiendront de Lui le pardon et une récompense infinie.

La question ne se pose donc pas en ces termes-là. Amina Wadud, première femme imame de l'époque contemporaine, aux États-Unis, fait partie de ceux qui militent pour une exégèse moderne, dont l'objectif serait de prendre du recul pour saisir l'esprit global du texte. L'exégèse classique qui consiste à interpréter un verset de manière isolée, avant de passer au suivant comme on saute du coq à l'âne, n'a pas vraiment de sens. C'est ainsi que l'on tombe sur un verset en apparence complètement misogyne, que l'on va instrumentaliser pour le transformer en une règle universelle absurde. Il faut faire l'effort de chercher ce qui dans le texte contredit ou dépasse le verset en question. Que trouve-t-on si on accède à l'esprit global du Coran ? Est-il venu pour faire avancer notre société vers plus de justice ? La réponse est oui. Bien sûr. Évidemment. Maintenant, prenons cette impression générale et relisons le texte afin de savoir si son esprit est positif à l'égard des femmes. Quel est le contexte ? Au VIe siècle, en Arabie, il n'était pas rare qu'un père enterre vivante sa propre fille. La raison invoquée ? La honte d'avoir engendré un enfant de sexe féminin. Plusieurs passages du Coran font référence à ces infanticides, et les condamnent.

> Et lorsqu'on annonce à l'un d'eux la naissance d'une fille, son visage s'assombrit et une rage profonde l'envahit. Il se cache des gens, à cause du malheur qu'on lui a annoncé. Doit-il la garder malgré la honte ou l'enfouir dans la terre ? Combien est mauvais leur jugement ! (S16:V58-59).

Autre exemple, lorsqu'un homme décédait, il pouvait laisser son épouse en héritage à son fils. Le Coran abolit cette coutume, faisant de la femme non plus un objet, mais un sujet d'héritage. Certes il fixe sa part à la moitié de celle d'un homme, néanmoins il rétablit la femme dans sa dignité. Faut-il maintenir cette règle en l'état jusqu'à la fin des temps ? Dans un contexte où la femme était traitée en objet, nous devons retenir le but premier pour lequel la révélation coranique s'est produite : l'établissement d'une plus grande justice sociale. L'esprit général du texte coranique était le progrès. Et il faut continuer sur cette voie : progresser et faire évoluer la règle.

EMMANUELLE : Pour aborder la question du féminisme, je propose toujours d'écarter les présupposés : « Les femmes sont comme ci, comme ça, elles fonctionnent de telle manière.» *La* femme, je ne sais pas qui c'est. *La* femme n'existe pas, l'«essence du féminin» n'existe pas. Il y a des femmes et des hommes, différents, qui font des choix, qui prennent des décisions pour leur vie. Des hommes et des femmes qui ont telle occupation, telle activité, qui aiment faire telle ou telle chose. Mon mari aime cuisiner, c'est donc lui qui cuisine. Il se trouve qu'actuellement, étant donné ma charge de travail, il s'occupe aussi des tâches ménagères. Est-ce qu'il me viendrait à l'idée de dire : l'essence de l'homme, c'est d'être aux fourneaux et au ménage ? J'ai reçu, au sein de ma tradition religieuse, une Parole qui me reconnaît en tant que personne unique, et qui me donne une place unique. Cette place n'est pas inférieure à celle d'un homme, elle est tout simplement avec. Autrement dit, à ceux qui voient dans le christianisme un système d'oppression des femmes, dont je serais une sorte de victime consentante atteinte du syndrome de Stockholm, je réponds : au contraire, ma foi est ce qui me libère. Quant aux textes, je rejoins complètement la lassitude de Kahina face à cette manie contemporaine de toujours chercher la phrase qui fera bondir les uns ou les autres, selon qu'ils sont féministes ou misogynes. Mais puisqu'il le faut, allons-y ! Premièrement, commençons par évoquer les femmes devant le tombeau du Christ. Sans elles…

FLORIANE : Il n'y aurait pas eu d'évangile !

EMMANUELLE : Absolument ! Si les femmes n'avaient pas témoigné après avoir trouvé le tombeau vide, le christianisme n'existerait pas ! Et ça va même plus loin. Alors qu'à l'époque de Jésus un procès ne pouvait être instruit que si trois hommes portaient témoignage, les évangiles s'appuient sur le récit de trois femmes pour dire le cœur de la foi chrétienne. C'est suffisant pour me faire déclarer que l'évangile est « par essence » féministe !

Deuxièmement, si l'on entre dans le détail, la Bible renferme un formidable réservoir d'arguments pour « libérer » les femmes. L'histoire des filles de Celofhad, dont tu as déjà parlé, Floriane, en est un bon exemple. Ce récit est tiré du Livre des Nombres (27,1-11). Celofhad a eu cinq filles. À sa mort se pose la question du partage de ses biens. En ce temps-là, seuls les garçons héritaient des biens du père. Les cinq filles vont voir Moïse pour contester cette règle et obtiennent gain de cause. Moïse fait évoluer la loi. Il se place du côté du progrès. C'est tout aussi vrai dans le Nouveau Testament. Les évangiles présentent Jésus d'une manière qu'on pourrait qualifier de féministe. Il parle avec les femmes comme avec les hommes, sur le même ton, sans distinction, ce qui n'était pas commun à cette époque. On pourrait citer un grand nombre de textes pour illustrer ce que j'avance là, mais je vais prendre les deux plus emblématiques : la rencontre avec la femme samaritaine (Jn 4,1-42) et la discussion avec Marthe.

Alors qu'il marche à travers la Samarie, Jésus décide de faire une pause. Il s'assied près d'un puits et demande à une femme de puiser de l'eau pour qu'il se désaltère. La femme s'étonne que Jésus lui adresse la parole. Parce qu'elle est une femme, mais aussi parce qu'elle est de Samarie. L'hostilité entre Juifs et Samaritains est vive à ce moment-là, parfois même violente. Jésus ne s'offusque pas de sa réaction, au contraire. Il entame avec elle une véritable discussion théologique. Elle finit par lui dire qu'elle a eu cinq époux dans sa vie, et que le sixième n'est pas vraiment son mari. Autrement dit, pour les standards de l'époque, elle entre dans la catégorie des femmes « de mauvaise vie ». Alors Jésus révèle à cette femme qu'il est le Messie attendu à la fois par les Juifs et par les Samaritains. Elle court chercher ses voisins. La voilà devenue témoin du Christ. Au regard des normes sociales en vigueur au temps de Jésus, ce texte est scandaleux. La Samaritaine est le « premier apôtre » dans l'évangile de Jean ! Pour emprunter la belle formule de Christine Pedotti, pour Jésus, « les femmes sont des "hommes" comme les autres[1] », c'est-à-dire qu'elles peuvent tout faire, comme les hommes.

L'épisode concernant Marthe et Marie se trouve dans l'évangile de Luc (10,38-42). Jésus se promène dans les ruelles de Béthanie, un village situé non loin de Jérusalem, où habitent Marthe, Marie (qui n'a rien à voir avec la mère de Jésus) et leur frère Lazare. Marthe invite Jésus à entrer et se met aussitôt aux fourneaux pour préparer un repas. Sa sœur Marie s'assied pour écouter Jésus au lieu d'aider Marthe. Soudain celle-ci vient se plaindre : « Seigneur, ça ne te fait rien que ma sœur m'ait laissée seule à faire le service ? Dis-lui de m'aider ! » Jésus lui répond : « Marthe, Marthe, tu t'inquiètes et t'agites pour bien des choses. Une seule est nécessaire. C'est bien Marie qui a choisi la

---

1. Christine Pedotti, *Jésus, l'homme qui préférait les femmes*, Albin Michel, 2018.

meilleure part. Elle ne lui sera pas enlevée.» Pour Jésus, la place des femmes n'est pas «automatiquement» à la cuisine ! Les femmes, au même titre que les hommes, sont invitées à être des disciples, c'est-à-dire à se mettre à l'écoute de la parole de Jésus. Et celle qui prend la liberté de le faire, en sortant du rôle qui lui est traditionnellement attribué, y est encouragée par Jésus. Ce court texte a fait l'objet d'un grand nombre d'interprétations au cours des siècles. Je ne soulignerai ici que trois mots : «Marie a choisi.» La «bonne part» est celle que je choisis, pas celle qui m'est dictée par les normes en vigueur dans la société. Qu'ai-je envie de faire ? Dans quoi ai-je envie de m'engager, là, maintenant ? J'ai peut-être besoin d'agir dans le concret, ou alors d'être à l'écoute, ou bien dans l'étude des textes. Il n'y a pas un «modèle féminin» dicté par la Bible. Cette affirmation est fausse. Nous avons le choix[2].

Pour terminer mes remarques sur les textes, j'aimerais ajouter ce que dit Paul au sujet de la foi chrétienne dans sa Lettre aux Galates (3,28) : «Il n'y a plus ni Juif ni Grec, il n'y a plus ni esclave ni homme libre, il n'y a plus ni homme ni femme ; car tous vous n'êtes qu'un en Jésus Christ.» Ces paroles sont, pour moi, extraordinairement libératrices.

Maintenant parlons de celles, plus proches de nous, qui, guidées par leur foi, nous ont ouvert la voie. La Réforme protestante a proposé aux femmes une place que l'on peut trouver aujourd'hui complètement rétrograde : celle d'épouse et de mère. Je réclame, moi aussi, à ce sujet,

---

2. On lira avec profit l'étude de ce texte de Luc dans *Une Bible des femmes* (Élisabeth Parmentier, Pierrette Daviau, Lauriane Savoy, dir.), Labor et Fides, 2018, p. 75 et suiv.

l'honnêteté intellectuelle et donc un effort de contextualisation. Au XVIe siècle, cette proposition constituait une nouveauté et un vrai progrès pour les femmes. Alors que le catholicisme avait porté au pinacle le célibat et la chasteté, la Réforme s'est employée à valoriser le mariage et la famille. Pour s'occuper du foyer et élever les enfants dans la foi, les femmes protestantes devaient savoir lire, ce qui de toute évidence représente une étape capitale dans l'émancipation de la femme. Après la révocation de l'édit de Nantes en 1685, des protestantes ont fait preuve d'une liberté inébranlable dans l'affirmation de leur foi. On cite souvent l'exemple de Marie Durand, enfermée de 1730 à 1768 dans la prison de la tour de Constance à Aigues-Mortes, pour avoir refusé d'abjurer sa foi. Ce n'est qu'après la Révolution française que les protestant·es ont pu enfin vivre librement en France. Dès lors, nombreuses sont celles qui se mirent au travail pour faire avancer les choses dans tout un tas de domaines.

FLORIANE : Donne-nous des exemples !

KAHINA : Oui, on a besoin de savoir les noms ! Derrière un grand nombre d'avancées historiques se cachent des femmes, malheureusement trop peu connues !

EMMANUELLE : On peut citer Émilie Mallet qui, au début du XIXe siècle, a inventé les « salles d'asile » pour les enfants, ancêtres de l'école maternelle française. Elle a aussi créé des établissements et des associations pour aider les femmes détenues, les malades et les orphelins. Les femmes protestantes à cette époque-là ont commencé à se regrouper en associations pour revendiquer d'une part l'égalité politique avec les hommes, d'autre part leur autonomie financière. Ce mouvement s'est amplifié au XXe siècle avec la création des Unions chrétiennes de jeunes filles en 1911, la Fédération française des éclaireuses en 1912, et la Fédé, qui regroupe les associations d'étudiantes et étudiants. Toutes ces associations sont des lieux de débats et de réflexion, entre autres sur la place des femmes, leur engagement social et politique. C'est de là que naîtra, notamment, le Planning familial.

FLORIANE : Bénies soient-elles !

EMMANUELLE : On peut citer Suzanne de Dietrich, Georgette Siegrist et Jane Pannier, fondatrices en 1939 de la Cimade, puis Madeleine Barot qui a remplacé Georgette Siegrist en 1940. Réunissant éclaireurs et étudiants, la Cimade commence par mettre en place l'aide aux Alsaciens déplacés en France. Et très vite, ces jeunes gens vont se tourner vers les personnes emprisonnées dans les camps d'internement de Vichy. Ils passent alors de la solidarité à la résistance. Madeleine Barot négocie la création de centres d'accueil de la Cimade qui serviront de couverture pour exfiltrer des internés, fabriquer de faux papiers, traverser les frontières, et sauver des vies. Toutes ces femmes dont je parle ont trouvé dans leur lecture de la Bible le moteur de leur action, et non un asservissement.

FLORIANE : C'est extrêmement inspirant. J'adhère absolument à l'idée rappelée par Kahina : la grille féministe est anachronique pour accéder aux textes anciens, on ne peut pas les juger sur ce critère. Dans le procès de la pensée sexiste, il est trop facile de mettre les religions sur le banc des accusés. Cela nous détourne de la vraie question : où en sommes-nous aujourd'hui et comment contribuons-nous aux avancées encore nécessaires ? De ce point de vue, il est justement fondamental de réexaminer les sources, non pour les stigmatiser, mais pour les affronter, en toute responsabilité. Certains textes de la Torah évoquent la lapidation d'une femme qui aurait menti sur sa virginité, dans une tonalité très archaïque qui fait référence à des époques depuis longtemps révolues. La Torah orale s'oppose absolument à cette pratique assassine depuis plus de deux mille ans, mais cela ne nous suffit pas. Lorsque aucune femme au monde ne sera plus lapidée pour aucune raison d'aucun ordre, alors, je l'espère, nous pourrons lire ces textes sereinement, ils seront les témoins de notre parfaite convalescence, nos sociétés seront totalement dégagées de l'étau patriarcal qui les colore de façons diverses.

Les femmes de la Bible évoluent évidemment dans une société patriarcale – ce qui ne signifie pas que le judaïsme en soutienne les inégalités. Reste que le contexte historique était celui-là. Le rédacteur de la Bible n'a pas réinventé les histoires pour prétendre qu'elles se sont déroulées dans une société égalitaire, qui n'existait pas à l'époque, et qui n'existe pas aujourd'hui. Les femmes de la Bible évoluent dans une société patriarcale, oui, mais à travers elles se manifeste une recherche d'égalité, recherche soutenue par la divinité. Les hommes de la Bible ne sont pas féministes, mais le dieu de la Bible apparaît comme tel à de nombreuses reprises !

Je vais commencer par Sarah, la première matriarche du judaïsme. Le mot matriarche n'est pas souvent employé en français, et je suis assez contente qu'ici le judaïsme nous y incite. La Torah décrit Sarah comme prophétesse de naissance, capable de dialoguer avec l'Éternel. Jamais au cours des siècles cette description ne sera remise en cause. Mieux, d'après Rachi, l'un des plus célèbres talmudistes de l'histoire, la prophétie de Sarah est même supérieure à celle de son mari, Abram/Abraham. C'est dire l'importance de cette femme dans la tradition juive. Je vous livre quelques éléments de son parcours tel qu'il est raconté dans la Genèse. Durant la première partie de sa vie, Sarah est appelée Saraï, ce qui signifie littéralement « ma princesse ». Épouse d'Abram, elle voyage à ses côtés ; elle aussi est une passeuse, elle traverse les deux fleuves du Croissant fertile, elle est pleinement hébreue, de la racine *avar*, qui signifie traverser. Elle est prophétesse, et exploratrice. La Torah orale nous dit par ailleurs qu'elle consacre son existence à enseigner le judaïsme aux femmes de son époque. À l'âge de soixante-quinze ans, sans enfant et persuadée d'être stérile, elle propose à Abram de prendre comme mère porteuse leur servante égyptienne, Agar. Je dis bien « mère porteuse », car Saraï est persuadée à ce moment-là qu'elle va élever l'enfant. Or, une fois enceinte, Agar change de ton, et Saraï, se sentant humiliée, la chasse de la maison. Cette première partie du récit montre Saraï et Agar dans un rôle de femmes écrasées par l'injonction patriarcale de faire des enfants. Le cadre n'est pas féministe, c'est certain.

La suite renverse complètement la donne. Le cadre social est patriarcal, mais les interventions « divines » poussent à la prise de conscience et à l'égalité. Nous sommes à la toute fin de la parasha Lekh Lekha, qui est une partie du Pentateuque lue habituellement au mois d'octobre. Abram a quatre-vingt-dix-neuf ans. Dieu se révèle à lui, pour lui annoncer que son épouse est sur le point de lui donner un deuxième fils, Isaac. Par ailleurs, il change son prénom : Abram devient Abraham. Et surtout, il ajoute : « Saraï ta femme, tu ne la nommeras plus Saraï, car son nom est Sarah. » En d'autres termes, Dieu change le prénom d'Abram et lui ordonne d'appeler sa femme par son vrai prénom, Sarah. Elle ne doit plus être appelée « ma princesse », « ma chérie », « ma louloute », ou que sais-je encore. C'est là un élément important du point de vue de l'égalité femmes-hommes, puisqu'il corrige une tendance encore très présente dans la société actuelle, qui consiste à parler des femmes en utilisant prénoms ou diminutifs plutôt que nom de famille et titres.

On tourne la page et on découvre, au début de la parasha Vayera – la partie suivante de la Torah écrite (Gen 18) –, Abraham assis devant sa tente. Apparaissent devant lui trois personnages, visiblement des anges. Abraham les accueille, les invite à se reposer un peu avant de reprendre leur chemin, puis il se précipite sous la tente et dit à Sarah : « Prends vite trois mesures de farine, pétris, et fais des gâteaux. » Ici, la société patriarcale s'exprime dans toute sa force : c'est bien l'épouse qui cuisine. Pourtant, lorsqu'il reparaît, les anges demandent : « Où est Sarah, ta femme ? » (Gen 18 :9).

Drôle de question. Il n'est pas bien vu d'interpeller un homme en lui parlant de sa femme, ce n'est pas « patriarcalement correct ». Pourtant les « anges » y vont à fond ! « Sous la tente », répond Abraham. C'est alors que l'un des trois annonce : « Je reviendrai chez toi l'an prochain, et Sarah ta femme aura un fils. » Le texte précise : « Sarah se mit à rire. » Il y a deux choses très étonnantes dans cette histoire. À cette époque-là, les conventions sociales sont claires : la femme fait la cuisine pendant que les hommes bavardent, ce qui *a priori* n'étonne personne. Pourtant les envoyés questionnent Abraham pour savoir où se trouve Sarah. C'est d'autant plus étonnant qu'il leur a déjà souhaité la bienvenue avant d'aller donner ses consignes à Sarah. Veulent-ils faire remarquer à Abraham – et au lecteur – que la place de la femme n'est pas forcément en cuisine ? Cela me semble évident. Par ailleurs, l'annonce en elle-même est surprenante. Dans la mesure où, dans la parasha précédente, Dieu en personne a déjà informé Abraham de la future naissance d'Isaac, pourquoi éprouve-t-il le besoin de se répéter ? La réponse me paraît claire : il veut vérifier que Sarah elle-même est informée. Sarah est surprise par la nouvelle, elle éclate de rire : on apprend ainsi qu'Abraham ne lui avait pas fait part de l'annonce divine, alors que le sujet était essentiel pour elle. La communication n'était pas optimale dans le couple, c'est le moins qu'on puisse dire. La divinité veille à ce que l'annonce soit faite à Sarah directement, sans passer par son mari. Dieu parle aux femmes, autant qu'aux hommes, sans intermédiaire. À mes yeux, derrière cette scène se cache une double intention : d'une part, dénoncer le statut de la femme dans la société patriarcale de l'époque, et d'autre part donner quelques pistes pour réfléchir à un système plus égalitaire.

Revenons à Agar. Vous vous souvenez ? Se croyant stérile, Saraï avait proposé un marché à son mari : « Hélas !

l'Éternel m'a refusé l'enfantement ; approche-toi donc de mon esclave : peut-être, par elle, aurai-je un enfant » (Gen 16:2). Inutile de faire un dessin : Agar devait bien jouer le rôle de mère porteuse pour le couple. Mais contre toute attente, Agar s'étant sentie renforcée par sa grossesse refusait désormais de jouer un rôle secondaire, et remettait en cause la place de Sarah, qui s'en était plainte à son mari. Réponse d'Abraham : « Ta servante est en ton pouvoir, agis à son égard comme tu le trouveras bon. » « Fais ce que tu veux », autrement dit : « Débrouille-toi toute seule. » Or une personne méprisée ne peut pas se débrouiller seule dans la NonViolence. C'est à un tiers de réaffirmer l'égale dignité de toutes et tous. Saraï, misérable, à court de solutions, chasse Agar, qui devient elle-même misérable, errante, enceinte, perdue dans le désert (Gen 16:7 et 21:13). Mais, à nouveau, Dieu intervient. Il envoie à sa rencontre un ange qui lui ordonne de retourner chez le couple et d'obéir à Sarah. En échange, il lui promet une descendance nombreuse. Là encore, la réalité sociale s'impose, une injonction de maternité qui se répercute avec violence sur Sarah dans son rôle d'épouse, puis sur Agar dans son rôle de servante. À noter l'intention que l'on peut qualifier de féministe : Dieu ne laisse pas Agar seule dans le désert, il tente de la rassurer et de lui permettre de retrouver le cadre de la famille abrahamique.

Ces ajustements ne suffiront pas à rétablir l'équilibre entre les deux lignées, et les conflits reprendront quelques années après. La solution de l'exil d'Agar sera remise sur le tapis par Sarah. Mais cette fois, le mari semble vouloir s'opposer au courroux de sa femme. « Cette parole fut très mauvaise aux yeux d'Abraham », nous dit le récit. La situation semble donc sur le point de déraper, mais l'Éternel intervient et dit à Abraham : « Que cela ne soit pas mauvais à tes yeux, au sujet du garçon et au sujet de ta servante : en tout ce que te dit Sarah, écoute sa voix. » Dès le lendemain, Abraham s'exécute. Ismaël et sa mère se retrouvent de nouveau dans le désert. Alors qu'ils sont sur le point de mourir de soif, comme la première fois, Dieu envoie un ange. Ce dernier les guide vers un puits, leur vie est sauve. Cette scène est vraiment la plus éloquente à mes yeux. D'abord Dieu protège Sarah d'une réaction potentiellement excessive d'Abraham. Ensuite il ordonne au mari d'obéir à sa femme, quelle que soit sa demande. Il faut bien peser cette phrase, très radicale pour l'époque : « En tout ce que te dit Sarah, écoute sa voix. » Enfin, il protège Agar dans le désert. Bref, régulièrement dans la Torah, l'Éternel fait savoir aux hommes que le patriarcat en usage dans leur société n'est pas une fatalité : il existe toujours un moyen de se placer du côté des femmes, il suffit de les écouter.

D'autres femmes sont fondamentales dans la Torah écrite. Je mentionnerai très brièvement Myriam, la prophétesse, sans laquelle tout le peuple hébreu serait mort en esclavage. Elle a su prendre la parole, et son père a su l'écouter. Preuve qu'il existait bien des courants favorables à l'expression des femmes à l'époque de l'histoire de la Bible, à l'époque de sa rédaction, et à l'époque de la rédaction du Talmud.

> Rabbi Yéhouda fils de Zvina a dit : il [Amram, le père de Myriam et de Moïse] est allé en suivant le conseil de sa fille. On a enseigné : Amram était le sage de la génération, quand il a vu que Pharaon

disait : « Tous les garçons, vous les balancerez dans le Nil » (Ex. 1:22), il a dit : « Nous nous épuisons pour rien », il se leva et divorça de son épouse, ils se levèrent tous et divorcèrent de leurs épouses. Sa fille [Myriam] lui dit : « Papa, ta décision est plus dure que celle de Pharaon, car Pharaon n'a décidé que pour les garçons et tu as décidé pour les garçons et pour les filles, Pharaon n'a décidé que pour ce monde-ci et tu as décidé pour ce monde-ci et pour le monde à venir, Pharaon le méchant, il existe un doute si sa décision sera appliquée ou non, et toi tu es un juste, il est certain que ta décision sera appliquée ». Il se leva et fit revenir son épouse, ils se levèrent tous et firent revenir leurs épouses (Talmud Sota 12a).

On voit ici que les femmes de la Bible restent profondément prisonnières de l'injonction de grossesse. C'est justement la maternité qui complique fondamentalement la vie des femmes et les rend vulnérables. Ivan Jablonka, dans *Des hommes justes*[3], explique de façon intéressante que les femmes payent l'essentiel du coût de la perpétuation de l'espèce. Pendant neuf mois, nos ressources sont consacrées à la croissance du fœtus, au cours de l'accouchement nous risquons nos vies, puis l'allaitement est encore à la charge du corps féminin. L'investissement des femmes, massif, les pousse à protéger le fruit de leurs efforts. Les hommes de leur côté n'ont pas grand-chose à perdre, mais plutôt

3. Seuil, 2019.

tout à gagner, ils peuvent imposer leurs conditions ou partir. S'appuyant sur cette position avantageuse, ils peuvent négocier leur soutien. Seuls l'éthique et la conscience de l'intérêt du groupe permettent de faire obstacle aux abus. Il est essentiel que « dieu » défende les femmes, comme on le voit dans la Torah écrite.

KAHINA : Dans la tradition musulmane aussi il y a de très belles histoires de femmes inspirantes. Mais, si je ne devais en garder qu'une, celle qui selon moi brise définitivement le mythe de la femme confinée à la maison par son macho de mari, c'est Khadija, la première épouse de Muhammad. Fille d'un riche commerçant décédé au combat, fondateur d'un empire commercial dont elle a repris les rênes, Khadija est riche, belle, très éduquée et très convoitée. Après avoir rejeté un grand nombre de demandes en mariage, y compris celle de son cousin, prenant ainsi à rebours toutes les traditions patriarcales en vigueur, elle fait comprendre à son entourage qu'elle choisira son conjoint, seule et sans contrainte. Finalement, elle se marie – à deux reprises. Deux unions qui hélas s'achèvent brutalement. Veuve de son premier époux, divorcée du second, Khadija jure qu'on ne l'y reprendra plus : désormais elle se consacrera au développement de son business. Un jour, elle entend parler d'un jeune homme travailleur et honnête, capable de la seconder dans ses affaires. Elle accepte de le recevoir. Muhammad lui plaît beaucoup, il est bel homme, fait preuve d'une grande intégrité. Elle décide de l'embaucher pour qu'il conduise une de ses caravanes. D'après les récits de la tradition prophétique, Muhammad est plus jeune qu'elle de quinze ans, et pourtant, sensible à son éthique et sa ténacité, elle finit par lui proposer de l'épouser. C'est Khadija qui demande Muhammad en mariage ! J'insiste parce que aujourd'hui aucune femme musulmane ne s'autoriserait l'audace non seulement de se marier avec un homme aussi jeune, mais en plus de faire elle-même la demande ! Autre particularité de cette union : elle est monogame. Signe probable du profond respect qu'il avait pour elle, Muhammad ne s'est jamais remarié du vivant de Khadija, ce qui pour l'époque est tout à fait remarquable. Enfin, on raconte qu'après sa première révélation, la première fois que l'archange Gabriel est venu voir le Prophète, Muhammad se met à douter de lui-même. Et c'est Khadija qui le rassure en lui expliquant qu'il est bel et bien un prophète. Par la suite, lorsqu'il commence à prêcher, Muhammad est d'abord marginalisé par une bonne partie des notables de La Mecque qui s'opposent au monothéisme. Là encore, c'est Khadija qui protège Muhammad. Elle utilise même sa fortune et ses relations pour soutenir et financer la naissance de l'islam. En résumé, Khadija est la première à entendre les révélations qu'a reçues le Prophète, la première à se convertir à la nouvelle religion, elle est donc la première personne musulmane de l'histoire.

FLORIANE : Cette histoire est admirable. Maintenant, la question que je me pose, c'est pourquoi l'ostracisation des femmes apparaît à certains comme une conduite encore valable aujourd'hui, y compris au sein de nos traditions religieuses.

KAHINA: C'est le meilleur moyen pour les hommes de garder le pouvoir politique, économique et social. Ainsi la domination, le commandement, l'autorité, tout reste aux mains des hommes, exclusivement.

EMMANUELLE: Mais qu'est-ce que la juste autorité? Je dirais: le pouvoir d'élever l'autre à la place qui lui revient. C'est le contraire d'une position écrasante, l'inverse des mots «domination» et «commandement».

KAHINA: Élever l'autre jusqu'à la place qu'il mérite par ses qualités, ses compétences, sa sensibilité, et non parce qu'il a dominé ses semblables par tout un tas de stratagèmes, en usant de la force ou de la ruse.

FLORIANE: Bien sûr, globalement, les hommes qui arrivent à s'adapter au modèle de masculinité des sociétés patriarcales en tirent certains bénéfices en termes de prestige, de salaire par exemple, mais ils sont eux aussi les victimes du système: ceux qui prétendent diriger la meute par la force ne peuvent jamais baisser la garde et vivre pleinement leur humanité. Par ailleurs, beaucoup d'autres hommes sont des victimes plus directes du système: ceux qui n'entrent pas dans les stéréotypes de la masculinité.

Cette vision d'un monde construit comme une échelle sur laquelle la mission de chacun est de grimper le plus haut possible et par tous les moyens – l'échelle de la femme la plus «femme», de l'homme le plus «viril» –, avec comme seule règle que la femme reste toujours coincée sur une marche inférieure à celle de l'homme, c'est la garantie de ne jamais trouver la paix. Raison pour laquelle il est important de se demander comment fonctionnent les groupes non hiérarchiques. Est-ce que l'on peut imaginer différentes formes d'une autorité fondée sur les compétences de chacun, leur désir, et le désir du groupe ? Une telle évolution nous ferait certainement basculer dans un système d'intelligence collective tout à fait révolutionnaire. Or cette organisation en société non hiérarchique, il se trouve qu'elle existe dans nos trois traditions. C'est la règle selon laquelle n'importe qui peut enseigner et diriger la prière. Une règle fondamentale qui, en dépit du carcan patriarcal mis en place par les hommes, nous a permis de devenir toutes les trois ministres du culte. Cet exemple précieux peut soutenir un leadership alternant et discuté dans d'autres contextes. Il fait partie des cadeaux que nos trois traditions peuvent offrir au féminisme.

Dans *King Kong théorie*[4], l'écrivaine Virginie Despentes donne une définition du féminisme qui rejoint cette idée de changement radical. Je voulais vous la lire. « Le féminisme est une révolution, pas un réaménagement des consignes marketing, pas une vague promotion de la fellation ou de l'échangisme, il n'est pas seulement question d'améliorer les salaires d'appoint. Le féminisme est une aventure collective, pour les femmes, pour les hommes, et pour les autres. Une révolution, bien en marche. Une vision du monde, un choix. Il ne s'agit pas d'opposer les petits avantages des femmes aux petits acquis des hommes, mais bien de tout

---

4. Grasset, 2006.

foutre en l'air. Sur ce, salut les filles, et meilleure route. » J'aime beaucoup ce mélange de respect et de radicalité.

EMMANUELLE : Cette idée de révolution bénéfique pour tout le monde, « les hommes, les femmes, et les autres », me fait penser à une expérience personnelle qui m'est arrivée dans ma deuxième paroisse. Il y a vingt ans environ, je rends visite à un vieux monsieur, veuf depuis quelques années. En me voyant arriver, il s'exclame : « Oh, c'est la première fois qu'il y a une femme pasteure dans cette paroisse, je suis très, très heureux. Il faut que je vous raconte quelque chose. » Nous nous asseyons autour d'une tasse de café, et il commence à dérouler le fil de sa vie. D'abord sa rencontre avec son épouse. Il m'explique qu'elle était déjà mariée, et malheureusement maltraitée par son mari. Il me décrit avec force détails comment il est tombé amoureux d'elle, comment il a fini par l'enlever afin de l'extirper des griffes de son tortionnaire. Il me raconte la longue et pénible procédure de divorce qui s'en est suivie. Et il conclut, les larmes aux yeux, par le récit de leur mariage. J'étais très touchée par cette histoire. En partant, je lui dis : « Merci de m'avoir confié vos souvenirs », et il me répond : « Je suis tellement heureux, parce que je n'ai jamais pu en parler à un pasteur homme. À vrai dire, je vous attendais depuis des années, vous seule pouviez comprendre mon histoire. » J'étais bouleversée. En réalité, je pense qu'un homme aussi aurait pu comprendre. Mais la question n'est pas là. Ce monsieur avait besoin de se confier à une femme, pour une raison qui m'échappe. J'ai longtemps pensé à cet entretien.

KAHINA : Nous avons quelque chose en commun toutes les trois, c'est la conviction profonde que la tradition religieuse peut servir la révolution féministe. En ce qui me concerne, l'islam et la spiritualité que je cultive dans l'islam me donnent un immense sentiment de légitimité, d'*empowerment*. En apprenant à me connaître, je prends ma place dans ma religion et dans la société. En revendiquant mon rôle, je prouve à nouveau que ce qui compte n'est pas mon appartenance à un genre, mais les prédispositions que j'ai développées pour m'accomplir.

EMMANUELLE : Je suis tout à fait d'accord. C'est peut-être contre-intuitif pour beaucoup de gens, mais la religion à mes yeux est un cadre propice à la révolution féministe.

FLORIANE : Absolument. Et j'ai l'impression que s'y mêle, en plus, l'instinct des personnes qui ont dépassé un certain seuil de sensibilité. Ce sentiment qui nous fait dire à toutes : vu ce que nous avons traversé durant des siècles, nous n'avons plus peur de rien. Un peu comme ces gens qui sont revenus à la vie, après avoir été déclarés cliniquement morts. Vous voyez ce que je veux dire ?

KAHINA : Oui, très bien. L'impression de n'avoir rien à perdre. Je l'ai beaucoup éprouvée ces derniers temps avec des homologues masculins qui en aparté n'ont aucun problème à reconnaître que la théologie elle-même ne présente pas le moindre obstacle à ce qu'une femme devienne imame, mais qui publiquement n'osent pas le dire par peur de choquer leur communauté. Ces hommes-là ne sont pas libres. Mais moi ? Qu'est-ce que j'ai à perdre ? Rien. Au contraire, je pars de zéro. J'ai tout à construire.

FLORIANE : On retrouve la même attitude chez les anciens résistants au nazisme. Les petites manœuvres politiciennes, les réticences – est-ce qu'ils seront bien vus s'ils soutiennent une femme rabbin ? –, ils s'en moquent éperdument ! Ils sont disponibles pour ce qui compte vraiment. Comme les Prophètes, ils vivent leur message, y compris dans la douleur, ils refusent le confort temporaire qui mène à la perte et veulent s'inscrire dans la solidarité. C'est le contraire du conflit d'intérêts.

EMMANUELLE : La comparaison est terrible. Il est bien difficile de dire quelque chose après… Qu'avons-nous à perdre ? Qu'avais-je à perdre ? Ou de manière positive : quel est l'essentiel pour moi ? Je le formule encore autrement : où est la vie ? Dans le Deutéronome (30,19), Dieu dit : « J'ai placé devant toi la vie et la mort, la bénédiction et la malédiction. Choisis la vie afin de vivre, toi et ta descendance. » La formule peut sembler un peu théorique. Et pourtant la vie est une suite d'événements face auxquels on doit faire un choix. Qu'est-ce qui nous guide alors ? En ce qui me concerne, les mots « choisis la vie » m'ont encouragée, soutenue.

La vie oblige souvent à accepter de perdre certaines choses. Lorsque j'ai décidé de divorcer, j'ai commencé par trembler. D'abord pour mes paroissiens. Qu'allaient-ils penser de cette décision ? Chez les luthériens, des pasteurs divorcés avaient été renvoyés de leur poste. Et même si cette

« sanction » n'avait pas cours au sein de mon Église, comment ne pas y penser ? J'ai ensuite tremblé pour les relations œcuméniques. Qu'allaient dire les catholiques avec lesquels nous étions en bonnes relations ? Enfin j'ai tremblé pour mon entourage, qui serait malheureux. Mais tout à coup, j'ai eu un sursaut : mes enfants ont besoin d'une mère qui aille bien, pour les accompagner jusqu'à ce qu'ils soient adultes. Le chemin de la vie est là. Devrais-je rester malheureuse pour ne pas ébranler les certitudes des autres ? Finalement, lorsque face aux difficultés financières j'ai pris la décision de cumuler un mi-temps à la paroisse et un autre à l'aumônerie de l'hôpital de Poitiers, mes paroissiens se sont relayés pour garder mes quatre enfants le soir et le week-end. Moi qui avais eu si peur de la réaction des gens, je me suis sentie formidablement soutenue. La vie est du côté de la vérité, pas des convenances ni de la réputation. Il y a beaucoup à perdre, mais ce que l'on y gagne en liberté et en vie n'a pas de prix.

FLORIANE : La sortie d'Égypte repose exactement sur ce choix, celui d'avoir renoncé à tous ses privilèges pour défendre la liberté. Les esclaves hébreux qui veulent quitter le pays doivent prendre le sang d'un agneau et en mettre sur la porte de leur maison.

> Ce mois est pour vous le commencement des mois, il est premier pour vous concernant les mois de l'année. Parlez à toute l'assemblée des enfants d'Israël pour dire : le dixième jour de ce mois, ils prendront chacun un agneau par famille, un agneau par maison… et il sera chez vous en garde jusqu'au

> quatorzième jour de ce mois, et chaque personne dans l'assemblée d'Israël, ils le tueront vers le soir. Et ils prendront du sang et le mettront sur les deux mézouzot et sur le linteau de leurs maisons dans lesquelles ils le mangeront» (Ex. 12:1, parasha Bo).

Cet acte de courage leur vaudra d'être épargnés par la dixième plaie, celle de la dernière extrémité: la mort des premiers-nés. Par contre, il les expose à la répression sanglante des Égyptiens esclavagistes si l'Éternel leur fait faux bond. Par ce signal, en effet, ceux qui prennent le risque de marquer leurs portes de sang se désignent ouvertement antiesclavagistes dans une société esclavagiste. Le choix est donc clair. Soit on place la liberté et la justice au-dessus de son intérêt personnel et même de sa sécurité corporelle, on plaque tout et on a une chance de sortir d'Égypte; soit on préfère rester sous le joug de Pharaon l'esclavagiste, en prenant le risque d'une éventuelle manifestation de la colère divine. On a tendance à l'oublier, mais ce message s'adresse à tout le monde: maîtres et esclaves. Parmi les personnes qui décident de marquer leur porte, il y a des Égyptiens, qui mettent leur vie dans la balance ainsi que leurs privilèges. Mais quel que soit leur statut, ces personnes courageuses aspirent à plus de liberté. J'ai l'impression que c'est la même chose pour la révolution féministe. Nous avons toutes et tous quelque chose à y gagner, même si les jeux ne sont pas égaux. Dans son livre *Des hommes justes*[5], Ivan

---

5. *Op. cit.*

Jablonka invite à une nouvelle nuit du 4 août, de renonciation par les hommes aux privilèges indus dont ils bénéficient. Nous pouvons également penser aux privilèges indus qui sont les nôtres en tant que Blanc·hes, riches, en bonne santé, cisgenres, hétérosexuel·les, etc.

KAHINA : Voilà encore une chose que nos trois traditions ont en commun ! La norme est toujours définie par la base, et non par les sachants. Nous les femmes sommes une chance pour les religions parce que c'est à travers nous, et cette dynamique que nous sommes en train de mettre en place, que les choses vont bouger. Parce que nous sommes libres !

Jour 5

Et le corps dans tout ça ? Quelle est la place du corps de l'homme et surtout de la femme dans vos religions et traditions respectives ?

EMMANUELLE : L'être humain existe dans son corps. C'est le corps qui me fait habiter le monde. Sans le corps, « je » n'existe pas, ni dans le temps, ni dans l'espace. Le corps est tellement essentiel que, pour les chrétiens, Dieu a choisi de s'incarner en un homme, Jésus. Dans son évangile, Jean le dit ainsi : « Le Verbe s'est fait chair et il a habité parmi nous et nous avons vu sa gloire, cette gloire que, Fils unique plein de grâce et de vérité, il tient du Père » (Jn 1,14).

Lors du dernier repas, qui deviendra le sacrement de la Cène, ce que les catholiques appellent l'eucharistie, Jésus dit en montrant le pain : « Ceci est mon corps, donné pour vous. Faites ceci en mémoire de moi. » Le rappel de ce corps, de la présence de Dieu dans la corporéité du monde, donne un sens, une importance indépassable au corps des humains. C'est dans ce corps que les hommes et les femmes sont invités à vivre, à aimer, à exercer leurs responsabilités vis-à-vis du monde et des autres. C'est bien une promesse qui est attachée au corps, et non une condamnation. Mais cette promesse se vit en tension permanente entre le désir et la parole qui nous rend humains.

Dès le début de la Bible, le premier chapitre du Livre de la Genèse présente l'être humain au sein de la Création. Impossible de faire le tour de ce vaste sujet qui a engendré des montagnes de livres, mais essayons tout de même d'en exposer les grandes lignes.

> « Dieu créa l'être humain à Son image, à l'image de Dieu Il le créa, mâle et femelle Il les créa » (Gn 1,27).

Première remarque, l'être humain est mâle *et* femelle dans ce premier chapitre de la Bible, sans aucune indication de subordination de l'un par rapport à l'autre. Mais l'on peut se demander ce que signifie « à l'image de Dieu », alors que paradoxalement toute la Bible formule l'interdiction de représenter Dieu. Ces premières lignes présentent un Dieu créateur par Sa parole. « Dieu dit : Que la lumière soit ! Et la lumière fut. » « Dieu dit : Qu'il y ait une étendue entre les eaux [...] Et Dieu fit l'étendue. » Ainsi à chaque étape de la Création. Le sixième jour, après avoir créé l'univers, la terre et les animaux, Dieu entre en dialogue avec Lui-même : « Faisons l'être humain à Notre image, selon Notre ressemblance... » (Gn 1,26). Ce dialogue et la parole créatrice font advenir l'humain mâle et femelle. Lorsqu'il est créateur, lorsqu'il fait naître la vie, qu'il la préserve, et lorsque sa parole ouvre la possibilité à la vie de se déployer, l'être humain est à l'image de Dieu.

En écho, on peut citer cette invitation tirée du Deutéronome (6,5) : « Tu aimeras ton Dieu de tout ton cœur, de toute ton âme, de toute ta pensée, de toute ta force ». Sans oublier : « Tu aimeras ton prochain comme toi-même » (Mt 22,37-39). Dans ce « comme toi-même », j'entends une double invitation : aimer son prochain et s'aimer soi-même – ce qui implique, d'une part, qu'on ne peut pas mépriser son propre corps, qu'on doit le prendre au sérieux, en prendre soin ; d'autre part, que l'on doit respecter la différence, être à l'écoute de l'autre et du corps de l'autre. L'autre est une promesse. L'autre n'est pas moi-même. Et cette différence irréductible est justement ce qui permet la relation.

L'apôtre Paul a écrit de très belles choses sur l'amour, dont le fameux hymne à l'amour, le passage obligé de bien des bénédictions de mariage !

> 1 Si je parle les langues des hommes, et même
> celles des anges, mais que je n'ai pas l'amour, je suis
> un cuivre qui résonne ou une cymbale qui retentit.
> 2 Si j'ai le don de prophétie, la compréhension de tous
> les mystères et toute la connaissance, si j'ai même
> toute la foi jusqu'à transporter des montagnes, mais
> que je n'ai pas l'amour, je ne suis rien. 3 Et si je dis-
> tribue tous mes biens aux pauvres, si même je livre
> mon corps aux flammes, mais que je n'ai pas l'amour,
> cela ne me sert à rien. 4 L'amour est patient, il est
> plein de bonté ; l'amour n'est pas envieux ; l'amour
> ne se vante pas, il ne s'enfle pas d'orgueil, 5 il ne fait
> rien de malhonnête, il ne cherche pas son intérêt, il

> ne s'irrite pas, il ne soupçonne pas le mal, 6 il ne se
> réjouit pas de l'injustice, mais il se réjouit de la vérité ;
> 7 il pardonne tout, il croit tout, il espère tout, il sup-
> porte tout. 8 L'amour ne meurt jamais. Les prophéties
> disparaîtront, les langues cesseront, la connaissance
> disparaîtra. 9 En effet, nous connaissons partiellement
> et nous prophétisons partiellement, 10 mais quand ce
> qui est parfait sera venu, ce qui est partiel disparaîtra.
> 11 Lorsque j'étais enfant, je parlais comme un enfant,
> je pensais comme un enfant, je raisonnais comme un
> enfant ; lorsque je suis devenu un homme, j'ai mis fin
> à ce qui était de l'enfant 12 Aujourd'hui nous voyons
> au moyen d'un miroir, de manière peu claire, mais
> alors nous verrons face à face ; aujourd'hui je connais
> partiellement, mais alors je connaîtrai complètement,
> tout comme j'ai été connu. 13 Maintenant donc ces
> trois choses restent : la foi, l'espérance, l'amour ; mais
> la plus grande des trois, c'est l'amour (1 Co 13,1-13).

Cependant rien ne dit que Paul pensait à l'amour conjugal en écrivant ce texte. De fait, il s'insère dans un ensemble de chapitres où Paul essaie d'expliquer aux habitants de Corinthe comment vivre ensemble dans la communauté chrétienne. Cet amour doit être plutôt entendu comme l'amour entre frères et sœurs dans l'Église. Toutefois, ce qui est valable pour les relations humaines doit l'être également pour des relations conjugales et familiales porteuses de vie pour tous.

Paul est plus précis dans sa Lettre aux Éphésiens, au sujet des relations conjugales et familiales, et de la manière de « vivre dans son corps ». Pas de débauche, pas d'impureté, pas de cupidité, pas de grossièreté, mais « justice, bonté et vérité » (Ép 5,9). Car il s'agit d'être « remplis de l'Esprit » et pas remplis de vin (Ép 5,18) ! Parce que Dieu aime les humains et veut le meilleur pour eux, ceux-ci sont invités à rechercher ce qui fait vivre : c'est-à-dire cultiver des relations de respect et d'amour réciproque, en accueillant l'Esprit de Dieu.

Quand les chrétiens s'interrogent sur leur manière de vivre, ils regardent aussi le mode de vie de Jésus et ses relations avec les personnes qu'il a rencontrées. Un mot me semble résumer son attitude : respect. Pour donner un exemple, je pense au récit de la guérison de Bartimée (Mc 10,46-52). Cet homme est aveugle, il est assis au bord de la route en train de mendier et, lorsqu'il entend Jésus passer sur la route, il se met à hurler pour attirer son attention : « Fils de David, Jésus, aie pitié de moi ! » Les gens le rabrouent pour le faire taire, mais lui crie de plus belle. Jésus s'arrête, le fait venir jusqu'à lui et dit : « Que veux-tu que je fasse pour toi ? » La lectrice que je suis se révolte : « Mais enfin, c'est évident : il est aveugle, il ne veut plus être aveugle ! Pourquoi demander à cet homme ce qu'il veut ? » Et pourtant il y a, précisément dans cette question-là, un grand respect de la part de Jésus. Que veux-tu que je fasse pour toi ? Bartimée est respecté, il a droit à la parole, il peut dire ce qu'il souhaite pour lui-même, pour son propre corps : « Rabbouni, que je retrouve la vue. » Respect !

KAHINA : Dans l'histoire de l'humanité, ce qui semble constituer un problème, c'est avant tout le corps de la femme, pas celui de l'homme. C'est le corps de la femme qui suscite le plus de discussions, de controverses, de polémiques, de tensions. Résultat : très rapidement, la femme se retrouve dépossédée de son corps. Et dans la mesure où les tenants du discours religieux sont des hommes, on retrouve dans la tradition religieuse ce constat que le corps des femmes n'appartient plus aux femmes, mais au patriarcat. C'est le patriarcat qui s'octroie un droit de regard et une autorité sur le corps de la femme. Dans les discours fondamentalistes, cette dépossession est allée très loin puisque le corps de la femme y est vu soit comme une source de plaisir à la disposition de l'homme, soit comme un réceptacle pour recevoir la semence de l'homme. Rien de plus. Heureusement, grâce aux mouvements féministes et au progrès technique, notamment la contraception, la société a évolué, la femme a commencé à se réapproprier son corps. Une telle avancée historique a engendré de vifs débats politiques et religieux, dont tout le monde se souvient. Peut-être que certains s'en étonneront, mais au sein de l'islam la contraception n'a jamais été un problème. Le texte coranique n'aborde pas directement cette question, mais l'on trouve dans la tradition prophétique une référence à la contraception naturelle, par interruption du coït. La jurisprudence a reconnu d'autres méthodes et, à part quelques courants très conservateurs pour qui la reproduction doit être parfaitement naturelle, en aucun cas entravée par la science, la pensée musulmane dans son ensemble a complètement accepté la contraception sous toutes ses formes.

Chez les musulmans, le vrai sujet, c'est la place du corps de la femme dans l'espace public. Le corps de la femme est un objet de désir pour l'homme, il faut donc le cacher. Vous remarquerez que la réciproque n'est jamais envisagée, du désir et du plaisir de la femme jamais il n'est question.

Bref, sans trop se casser la tête, le système patriarcal a souvent choisi de reléguer la femme à l'espace domestique. Elle ne sort plus de chez elle et le problème est réglé. Il y a certainement chez les hommes qui prônent ce type d'idéologie une très grande peur de ne pas contrôler leur désir. Aussi, plutôt que de chercher à maîtriser leurs pulsions naturelles, ces messieurs préfèrent contrôler le corps de la femme. En réalité, la question de l'habillement est à peine évoquée dans le texte coranique, et jamais en détail. On y parle simplement de mettre un vêtement « décent » et de couvrir « les parties les plus intimes » du corps de la femme. Ce qui, vous en conviendrez, nous laisse une assez grande marge de liberté. La difficulté qui nous occupe aujourd'hui, c'est que les exégèses patriarcales du Coran sont tellement ancrées dans l'inconscient collectif qu'il est très compliqué de faire entendre une autre lecture. Par ailleurs, les fondamentalistes ont tout fait pour que le foulard se propage dans la société et désormais, à force de voir des femmes se couvrir les cheveux, cet usage paraît normal dans beaucoup de sociétés musulmanes. L'effet de masse a créé l'acceptation. Est-ce que l'inverse serait possible ? La réalité est que la grande majorité des femmes musulmanes en France ne portent pas le voile. On devrait donc trouver normal de les voir se promener cheveux au vent. Le hic, c'est qu'on ne fait pas attention à elles. *Voir* ces femmes, même largement majoritaires, demande un effort mental. Au contraire, celles qui portent le voile, nous les identifions tout de suite, sans effort, justement à cause de ce signe distinctif. L'ironie de l'histoire, c'est qu'il existe quantité de non-musulmanes qui portent un foulard pour d'autres raisons.

FLORIANE : Y aurait-il un moyen de donner à voir cette majorité de femmes musulmanes qui ne portent pas le voile ? Il y a quelques années, j'avais envisagé de faire fabriquer des *kippot*[1] portant l'inscription « Ceci n'est pas une kippa ». (Rires.) Un signe distinctif pour tous les juifs athées qui récusent les connotations attachées à la kippa. Comme j'étais en Belgique à l'époque, je trouvais que c'était une jolie allusion au *Ceci n'est pas une pipe* de Magritte.

Plus sérieusement, je suis entièrement d'accord avec Kahina. La question de la place du corps dans l'espace public est capitale pour les femmes. Combien faut-il se montrer pour faire admettre que notre présence est normale ? Et combien doit-on se cacher pour éviter de se faire agresser ? La question se pose concrètement à chacune d'entre nous lorsque nous nous faisons interpeller : vaut-il mieux réagir avec toute notre liberté et notre puissance d'exister ou est-il plus prudent de faire semblant de n'avoir rien entendu ? La question est d'ailleurs identique pour la minorité juive. Quel est le degré d'existence et de spécificité « toléré » par les sociétés dans lesquelles nous vivons, en tant que femmes, en tant que juives, dans toutes nos spécificités d'orientation sexuelle, de handicaps corporels, de positionnement social ? Les Séfarades disent par exemple que pour célébrer Hanouka, la fête des lumières, il faut allumer les bougies et placer le chandelier à l'entrée de la maison, pour qu'il soit le plus visible possible, comme le veut la loi juive. Les

1. Une kippa (pluriel *kippot*) est un petit couvre-chef en forme de demi-sphère dont les hommes se couvrent la tête dans les moments de prière.

rabbins ashkénazes disent au contraire qu'il faut le mettre à l'intérieur parce que, même si ce n'est pas casher, Hanouka tombant au même moment que les fêtes de Noël, faire profil bas devient une question de vie et de mort. En effet : ceux qui fêtent la naissance du Sauveur pourraient en vouloir à ceux qui sont accusés de l'avoir tué[2], donc restons discrets. Je prends cet exemple pour faire un parallèle avec le cas des femmes, parce que je pense important d'affirmer son respect autant aux femmes qui se cachent qu'aux femmes qui s'affirment. Il s'agit de la gestion de risques, qui relève d'un choix personnel.

Pour en revenir aux signes distinctifs, en tant qu'amoureuse de la laïcité, je n'ai pas envie d'en porter lorsque je suis dans l'espace public. Mais je suis une femme rabbin, en cela je représente quelque chose. Dans la mesure où certains de mes coreligionnaires affichent de façon très marquée des signes identitaires voyants, peut-être que ma discrétion est une mauvaise stratégie. D'un autre côté, elle s'inscrit dans la tradition du judaïsme français d'intégration. Peut-être devrais-je moi aussi utiliser ces outils de visibilité, simplement pour rappeler que ce que je représente existe. Par exemple, une grande pancarte : « Je suis rabbin, oui, il y a des rabbins femmes en France, et je suis humaniste. Oui, les traditions de pensée peuvent défendre l'humanisme. » Bon, c'est peut-être un peu long pour un pin's… (Rires.)

---

2. Voir Jules Isaac, *L'Enseignement du mépris*, *op. cit.*

EMMANUELLE : La question de la place du corps de la femme dans l'espace public n'est pas un sujet pour moi. Tous les croyants doivent avancer à égalité sur un chemin bordé de part et d'autre par ces deux mots : liberté et responsabilité – le diptyque fondamental qui structure toute la pensée protestante. Par ailleurs, je le répète parce que c'est essentiel : un des grands principes sur lesquels s'est construit le protestantisme, c'est que les hommes et les femmes devaient pouvoir lire la Bible par eux-mêmes. Pour les garçons et les filles, donc, même éducation, même liberté et même responsabilité. C'est ce qui explique pourquoi de nombreuses femmes protestantes se sont retrouvées dans les mouvements militants pour la contraception et la légalisation de l'avortement.

Puisque nous parlons du corps et du désir, alors il faut lire dans la Bible le Livre du Cantique des cantiques, qui met en scène le chant d'amour de deux amants : ils se cherchent, se manquent et se poursuivent, sans vraiment réussir à se retrouver. Pas une seule fois le nom de Dieu n'est cité dans ce texte, et pourtant, ce texte a été gardé dans la Bible. Les théologiens débattent depuis des siècles de sa raison d'être et pendant longtemps on l'a interprété comme une allégorie de l'amour de Dieu pour son peuple. Il faut dire que sa résonance érotique peut troubler le lecteur non averti ! Aujourd'hui, les exégètes rapprochent les divers sens de ce texte : l'amour entre deux amants n'est-il pas le lieu de la promesse divine ? Leur alliance est à la fois spirituelle et charnelle. Pour le protestantisme, la relation amoureuse et le plaisir n'ont pas pour raison d'être la fécondité. Il y a un bonheur à se donner l'un à l'autre sans avoir pour contrainte de faire des enfants.

LUI
1 Que tu es belle, mon amie, que tu es belle !
Tes yeux sont des colombes derrière ton voile.
Ta chevelure est comme un troupeau de chèvres
qui dévale les monts du Galaad.
2 Tes dents sont comme un troupeau de brebis à tondre
qui remontent du bain ;
chacune a sa jumelle,
aucune n'en est privée.
3 Tes lèvres sont comme un cordon écarlate,
et ta bouche est jolie ;
ta joue est comme une moitié de grenade
derrière ton voile.
4 Ton cou est comme la tour de David,
bâtie pour être un arsenal :
les mille boucliers y sont suspendus,
tous les carquois des guerriers.
5 Tes deux seins sont comme deux petits,
jumeaux d'une gazelle,
qui paissent parmi les lis.
6 Avant que souffle la brise du jour
et que les ombres fuient,
j'irai à la montagne de la myrrhe
et à la colline de l'encens.
7 Tu es toute belle, mon amie,
en toi, pas de défaut.
8 Viens avec moi du Liban, ô mariée,
viens avec moi du Liban !
Regarde du sommet de l'Amana,
du sommet du Senir et de l'Hermon,

des tanières des lions, des montagnes des léopards.
9 Tu me ravis le cœur, ô mariée, ma sœur,
tu me ravis le cœur par un seul de tes regards,
par une seule maille de tes colliers.
10 Que de beauté dans tes caresses, ô mariée, ma sœur !
Combien tes caresses valent mieux que le vin,
et la senteur de tes parfums que toutes les essences odoriférantes !
11 Tes lèvres distillent le miel, ô mariée ;
il y a sous ta langue du miel et du lait,
et la senteur de tes vêtements est comme la senteur du Liban.
12 Tu es un jardin clos, ô mariée, ma sœur,
une fontaine close, une source scellée.
13 Tes pousses sont un verger de grenadiers
aux fruits exquis,
avec du henné et du nard ;
14 du nard et du safran, du roseau et du cinnamome,
avec tous les arbres à encens ;
de la myrrhe et de l'aloès,
avec toutes les meilleures essences odoriférantes.

ELLE
15 C'est une source des jardins,
c'est un puits d'eau vive,
ce sont des ruissellements du Liban.
16 Éveille-toi, vent du nord ! Viens, vent du sud !
Souffle sur mon jardin, et que ruissellent ses essences odoriférantes !

Que mon bien-aimé entre dans son jardin,
et qu'il mange de ses fruits exquis ! (Ct 4,1-16)

FLORIANE : Si j'ai bien compris, une fois le cadre posé – liberté et responsabilité pour tout le monde –, alors les femmes trouvent leur place naturellement.

EMMANUELLE : Il me semble.

FLORIANE : Merci pour ces rappels, Emmanuelle. Tu parlais de l'importance du corps qui incarne notre présence dans le monde, et c'est un point fondamental pour le judaïsme. Le corps n'est pas considéré comme une matière vile par opposition à une âme sainte car désincarnée. En ce qui concerne le rapport au corps, le judaïsme s'est construit en totale opposition au monde grec qui glorifiait le corps, le considérant comme une représentation divine de la nature. Le corps, d'un point de vue hellénistique, a donc quelque chose de sacré. Il faut se soumettre à la nature qui indique la marche à suivre. C'est la raison pour laquelle les athlètes couraient tout nus dans les stades. La pensée juive se situe exactement à l'opposé. Au moment de la création du monde, la mission que l'Éternel confie aux humains consiste à « garder et travailler » (Gn 2:15) le jardin. Ce rapport à la nature vaut aussi pour le corps : il faut garder et travailler le corps. En outre, l'Éternel invite le premier être humain (comme Emmanuelle, il me semble essentiel d'insister sur son caractère à la fois masculin et féminin) à « conquérir » la nature, ce qui dans la tradition juive se concrétise par la conquête du corps. « Le héros, la personne forte est celle qui parvient à conquérir ses pulsions », nous disent les chapitres des principes (Michna Avot 4:1). Cette discipline implique une conscience aiguë du corps, mais aussi une conception du plaisir elle aussi soumise à cette injonction éthique : garder et travailler. Alors est-ce que le travail du corps englobe la chirurgie esthétique ? Franchement je ne sais pas. L'important c'est d'éviter de mettre en danger son intégrité physique.

D'une manière générale, le judaïsme fait intervenir le corps dans tous les actes de la vie. C'est ce que symbolisent les fils du talit[3], par exemple. « Tu mettras des franges aux quatre coins du vêtement dont tu te couvriras » (Deut. 21:12). Et pour quelle raison ? Comme pour les téfilines dont j'ai déjà parlé, il s'agit de pratiquer la mémoire du corps. « Quand vous aurez ces franges, vous les regarderez et vous vous souviendrez de tous les commandements de l'Éternel » (Nb. 15:39). Théoriquement, lorsqu'on ouvre les yeux le matin, on dit : « Tu es une source de bénédiction, Éternel qui ouvres les yeux des aveugles. » Ensuite lorsqu'on s'étire, on dit : « Tu es une source de bénédiction, Éternel qui délivres les prisonniers. » Chaque phrase accompagne un mouvement du corps. Le geste doit être joint à la parole, symboliquement dans le cadre des prières, puis concrètement dans la vie quotidienne.

L'idée du corps est souvent associée à la question de l'impureté, qui est souvent associée aux femmes et sert à

---

3. Le talit, ou « châle de prière », est un rectangle aux coins duquel sont attachés des fils. Il est aujourd'hui porté pendant les offices en accomplissement du texte du troisième paragraphe du Chema Israël.

justifier leur exclusion. La notion est présente dans la tradition juive, mais elle désigne le fait d'avoir été en contact avec la mort, ce qui a pour conséquence de troubler notre rapport à la vie. Il ne s'agit ni de saleté physique ni de perversion morale. Et elle touche les hommes autant que les femmes. Qu'est-ce qu'on entend par contact avec la mort ? Plusieurs choses sur une échelle de gravité assez grande, d'un écoulement de liquide séminal pour l'homme ou des règles pour la femme[4] au fait de déplacer un chat mort, ou bien d'assister au décès d'une personne. Ces cas imposent de prendre du recul pendant vingt-quatre heures, de laver ses vêtements et enfin de s'immerger entièrement dans l'eau. Encore une fois, la renaissance passe par un acte physique très concret. Évidemment la règle vaut pour les soldats qui sont amenés à tuer. Il existe même une loi spécifique selon laquelle, lorsqu'il rentre du front, un combattant doit rester en dehors du camp pendant sept jours (Nb. 31:19). Donc la figure du guerrier triomphant qui rentre chez lui et réclame un massage après avoir balancé le corps de ses ennemis sur la place centrale du village n'est pas vraiment une figure juive. En clair, la loi juive leur dit : « Les mecs, vous ne rentrez pas, parce que vous n'êtes pas en état ! C'est très bien que vous ayez défendu le pays, mais ce n'est pas une situation normale. Vous allez pouvoir revenir vers nous, mais vous n'êtes pas des caïds à qui tout est permis. D'abord il

---

4. « Quand cet homme sera délivré de sa gonorrhée il comptera sept jours depuis son rétablissement ; puis il lavera ses vêtements, baignera son corps dans une eau vive, et sera pur » (Lév 15:13). « Lorsqu'une femme éprouvera le flux » – son flux, c'est le sang qui s'échappe de son corps (Lév 15:19).

va falloir vous calmer et vous “purifier”, vous remettre en phase avec la vie normale. » C’est un passage que j’apprécie vraiment beaucoup dans les commandements bibliques.

Au sujet du corps des femmes et du désir des hommes, il existe un passage du Talmud assez touchant. Les rabbins discutent sur ce qui exprime le mieux la nudité de la femme :

> Rav Hisda a dit : La jambe d’une femme est une nudité comme il est dit : « Découvre la jambe et traverse les rivières » (Is. 4:3) [...] Chemouel a dit : La voix d’une femme est une nudité comme il est dit : « Ta voix est suave et ton visage gracieux » (Cant. 2:14). Rav Chéchet a dit : La chevelure d’une femme est une nudité comme il est dit : « Tes cheveux sont comme un troupeau de chèvres dévalant du mont de Galaad » (Cant. 4:1, Talmud Bérakhot 24a).

Pour ma part, j’apprécie ce partage, mais je n’adhère pas aux interprétations très limitantes qui en ont été faites. Certains juifs orthodoxes (pas tous heureusement) veulent considérer que la voix féminine est de l’ordre de la stimulation érotique, ils interdisent aux femmes toute forme de chant, voire toute forme d’expression liturgique. Lorsqu’une femme veut honorer l’un de ses proches disparus en récitant la prière traditionnelle du Kaddich et qu’on le lui interdit, il en résulte une humiliation et une douleur qui s’ajoutent à la douleur du deuil, au moment précis où elle devrait être soutenue par le groupe. Cela n’a aucun sens. En réalité, ce passage talmudique parle de l’importance de se concentrer lorsqu'on récite le Chema Israël. Un sentiment d'attirance n'aurait pas sa place et il faut éviter d'entendre des chansons excitantes. On imagine l'extrapolation monumentale de ce principe, qui mène certains à imposer l'exclusion absolue de la parole publique féminine ! Heureusement, les interprétations raisonnables existent et dominent, y compris dans les milieux orthodoxes. Pour les cheveux ou la peau, c'est pareil. On couvre ? On ne couvre pas ? À quelle occasion ? Comme toujours dans la tradition juive, les dispositions évoluent en fonction des courants et du milieu dans lequel on se trouve.

Et puis, toujours dans le Talmud, il faut évoquer une discussion terrible sur l'adultère, qui nous mène à un texte extraordinaire, sublime. Le contexte est douloureux, très pesant pour les femmes. Notons que la question de l'adultère est souvent posée dans un seul sens : contre les femmes. Je ne suis donc pas très à l'aise d'amener ce sujet dans la discussion. Mais c'est une occasion d'observer une avancée vers le respect des femmes, de leur liberté et de la légitimité de leur désir. Voici le contexte. Dans l'Antiquité, la loi en vigueur est la suivante : si un mari soupçonne sa femme de l'avoir trompé et qu'il parvienne à le prouver, il peut la faire lapider. Mais que se passe-t-il si la jeune femme est accusée à tort ? On ne peut pas condamner sans preuve. Et là, l'affaire devient assez cocasse. D'abord il faut présenter deux témoins qui auront vu l'acte de leurs propres yeux, sachant qu'une soudaine agitation sous les draps ne saurait suffire. De plus, il faut que ces deux témoins aient alerté les amants : « Nous sommes là, nous avons tout vu, ce que vous faites est interdit, vous en êtes bien conscients, n'est-ce pas ? Nous témoignerons. » Inconcevable. Je sais bien que dans le dialogue interreligieux on préfère parler de ce qui va bien, mais les réalités sont plus complexes et je n'ai pas l'intention de les occulter.

KAHINA : Même chose dans l'islam. Accuser quelqu'un d'adultère est quasiment impossible puisqu'il faut aussi deux témoins qui aient vu l'acte.

FLORIANE : C'est une obligation assez efficace. Mais il ne faut pas négliger le poison de la jalousie qui menace. Le mari soupçonne sa femme ; or il n'a aucune preuve, c'est extrêmement énervant, n'est-ce pas ? Les solutions raisonnables ne manquent pas : faire une longue méditation, consulter un thérapeute, courir un marathon… Reste qu'une société patriarcale fait peser le poids de la colère masculine sur les femmes. Comment limiter les dégâts ? L'homme soupçonneux doit se présenter avec sa femme devant le prêtre, exposer les faits, et faire une « offrande de jalousie » au Temple. Précisons que le processus se déroule en public. Ensuite le prêtre donne à boire de l'eau amère à la femme. Si elle est coupable, le breuvage est censé provoquer sa mort dans d'atroces souffrances. Si elle est innocente, non seulement l'eau amère n'aura aucun effet sur elle, mais – mieux – l'Éternel lui accordera la plus belle des récompenses selon les standards en usage : avoir beaucoup d'enfants ! En somme, plutôt que d'abandonner les femmes à la violence d'un mari jaloux, on met en place un système dans lequel seul l'Éternel peut la juger et éventuellement la réhabiliter. Cette ordalie « light » tranche avec les ordalies pratiquées au Moyen Âge, dont les descriptions mêmes donnent la mesure : ordalie par le fer rouge, par l'eau bouillante, etc. Ici, le fait de survivre à l'ingestion de quelques gorgées d'eau poussiéreuse suffit à prouver l'innocence. Ce n'est pas attrayant, mais on résiste à l'épreuve. Et les maris intelligents se rendent compte qu'ils feraient mieux de se calmer et de renoncer à cette méthode qui ne leur offre, en réalité, aucune chance de sortir avec dignité.

Nous pouvons maintenant aborder le commentaire passionnant de la tradition orale. C'est la discussion rabbinique sublime que j'ai annoncée. En résumé : le premier rabbin, Ben Azaï, soutient qu'il faut enseigner la Torah à ses filles, ce qui est révolutionnaire pour les standards de l'époque. Son argument ? Si elle est coupable d'adultère, elle saurait tricher avec l'ordalie de l'eau amère ! Cette position ne peut évidemment pas faire l'unanimité – unanimité qui est de toute façon rarement constatée dans le Talmud. Donc Rabbi Eliezer s'insurge. : « Certainement pas ! Ce serait l'inciter à commettre l'adultère ! » Que dire du troisième rabbin, Rabbi Yochoua, qui fait à ses collègues un petit cours sur l'importance de respecter le plaisir sexuel féminin ? Finalement l'admirable dans toute cette histoire, c'est la quête permanente d'une solution pour éviter aux femmes de subir la folie patriarcale.

> Si elle a des mérites, cela est suspendu… De là Ben Azaï dit : « Un homme a l'obligation d'enseigner la Torah à sa fille, pour que, si elle doive boire, elle sache que les mérites suspendent pour elle [la réalisation de la malédiction pour elle]. » Rabbi Eliezer

dit : « Toute personne qui enseigne la Torah à sa fille, c'est comme s'il lui enseignait la volupté. » Rabi Yochoua dit : « Une femme préfère une mesure de nourriture et de la volupté à neuf mesures de nourriture et de la chasteté. » Il disait : « Un pieux imbécile, un méchant vicieux et une femme austère, voilà les choses qui amènent le monde à la perdition » (Michna Sota 3:4).

KAHINA : Dans l'islam aussi, l'adultère fait l'objet d'une belle histoire. Elle se passe en plein désert au retour d'une expédition guerrière. Le Prophète est accompagné d'Aïcha, celle qu'on surnomme son épouse « bien-aimée ». Au cours d'une halte, Aïcha s'aperçoit qu'elle a perdu un très beau collier, cadeau d'une grande valeur à ses yeux puisqu'il lui a été offert par le Prophète. Elle revient sur ses pas, se met à le chercher partout et n'entend pas la caravane repartir. Surprise par la tombée de la nuit, elle décide de retourner à l'endroit du dernier campement, et elle finit par s'endormir. Le lendemain matin, s'étant rendu compte de son absence, un compagnon du Prophète chargé de surveiller l'arrière-garde du convoi rebrousse chemin pour la récupérer. Hélas, quelques jours plus tard, la rumeur commence à circuler. Qu'a-t-elle pu faire une nuit entière, seule dans le désert ? Et que s'est-il passé exactement avec ce compagnon qui lui a porté secours ? Aïcha est accusée d'adultère. Face à la calomnie, le Prophète est partagé. Qui croire ? Son épouse qu'il aime et à qui il a envie de faire confiance, ou ceux qui affirment qu'elle l'a trompé ? Aïcha lui conseille de poser la question à Dieu, le seul dont il ne mettra pas en doute la réponse. Le Prophète se met à prier, jour et nuit. De son côté, attristée par les atermoiements de son mari, Aïcha est partie chez ses parents. Finalement, le Prophète reçoit une révélation, que l'on retrouve dans la sourate An Nur. Dieu lui dit qu'Aïcha est innocente. Par ailleurs, Il condamne ceux qui ont instillé le poison de la calomnie dans la communauté. « Ceux qui sont venus avec la calomnie sont un groupe d'entre vous. Ne pensez pas que c'est un mal pour vous, mais plutôt, c'est un bien pour vous. À chacun d'eux ce qu'il s'est acquis comme péché. Celui d'entre eux qui s'est chargé de la plus grande part aura un énorme châtiment. » Enfin, Il donne au Prophète le mode d'emploi pour traiter les rumeurs. « Pourquoi, lorsque vous l'avez entendue [cette calomnie], les croyants et les croyantes n'ont-ils pas, en eux-mêmes, conjecturé favorablement, et n'ont-ils pas dit : C'est une calomnie évidente ? Pourquoi n'ont-ils pas produit [à l'appui de leurs accusations] quatre témoins ? S'ils ne produisent pas de témoins, alors ce sont eux, auprès d'Allah, les menteurs. » À la suite de cette révélation, le Prophète va demander à Aïcha de revenir. Mais Aïcha ne l'entend pas de cette oreille. « Par Allah ! Je n'irai pas vers lui. Je n'ai qu'à louer Allah ! C'est Lui qui a fait descendre mon innocence », répond-elle. Autrement dit : si je décide de revenir, ce n'est pas pour mon mari, mais par respect pour Dieu qui lui a dit la vérité à propos de moi. Aïcha fait savoir qu'elle a du caractère, et que le manque de confiance dont le Prophète a fait preuve l'a profondément blessée.

En ce qui concerne le rapport au corps, si on analyse l'exégèse et les arguments avancés pour autoriser la femme ou lui interdire de faire telle ou telle chose, on s'aperçoit qu'ils sont souvent liés à ces supposées particularités physiologiques. Par exemple, « la femme est émotionnellement beaucoup plus vulnérable qu'un homme » est une assertion très fréquemment utilisée par les théologiens. Ou : « durant certaines périodes du mois, la femme est psychologiquement instable », ou encore : « pendant la grossesse, la femme ne pourra faire telle ou telle chose ». Bref, les hommes renvoient constamment la femme à cette prétendue infériorité physique. J'ai donc voulu examiner l'évolution historique de cet argumentaire. Et ce que j'ai constaté, c'est que dans l'islam, même chez les intellectuels réformistes du XIXe siècle dont l'objectif affiché était de s'émanciper des schémas traditionnels, on reste prisonnier de ces représentations de la femme. La prison mentale du patriarcat est encore trop forte. Heureusement, la science aujourd'hui explique beaucoup de choses, par exemple qu'il n'y a pas lieu de considérer que la femme est impure durant telle ou telle période. Le plus étonnant c'est que, bien souvent, le texte coranique n'en parle pas. En ce qui concerne les menstrues, par exemple, le Coran interdit les relations sexuelles durant le cycle en raison de l'indisposition de la femme et non d'une prétendue impureté (S2:V222). Ce sont les exégètes qui ont introduit la notion d'impureté, liée à la représentation que l'on se faisait à l'époque de cette période du cycle féminin.

EMMANUELLE : En protestantisme, le corps n'est pas à « brimer » ni à « contrôler ». Il est la condition d'être au monde. Il ne saurait être question de l'entraver pour accéder à une quelconque réalité supérieure, hors du corps. La

Réforme protestante met en valeur le corps tout en le désacralisant – ce qui peut sembler paradoxal. Le catholicisme avait fait du célibat le chemin le plus sûr vers le salut. Cet engagement est scellé par le sacrement de l'ordination. Mais pour tous ceux qui ne pouvaient accéder à la prêtrise ou à la vie monastique, le sacrement « alternatif » est le mariage. Le protestantisme, lui, critique cette vision et au contraire met en valeur la sexualité comme source de plaisir, non corrélée au seul but d'avoir des enfants. Elle se vit dans le cadre du mariage, mais celui-ci n'est pas un sacrement. Il est simplement une alliance qui permet d'aller au-delà des pulsions momentanées, de partager les joies et d'affronter ensemble les difficultés. En cas de désaccord persistant, le divorce libère les deux époux. Cette désacralisation du mariage va de pair avec une responsabilisation plus grande des époux. Luther dit que le mariage dépend uniquement du consentement libre des époux et que ce consentement fait le mariage.

L'histoire de la femme adultère dans la Bible est très connue. Des hommes conduisent devant Jésus une femme accusée d'avoir trompé son mari. Elle a été prise « en flagrant délit », lui disent-ils. Autrement dit, il n'y a pas de discussion possible. Et ils ajoutent : « La loi nous ordonne de lapider de telles femmes. Et toi, que dis-tu ? » Dès les premières lignes, on constate un problème. Pour constituer un adultère, il faut trois personnes. Alors première question : où sont passés le mari et surtout l'amant pris « en flagrant délit » ? Pour quelle raison ne l'ont-ils pas amené lui aussi devant Jésus ? Parce que à leurs yeux la culpabilité d'un adultère est attribuée exclusivement à la femme ? Probablement ! Sans commentaire. Ensuite cette femme – dont on ne donne même pas le nom –, pourquoi ne s'exprime-t-elle pas ? Parce que, en réalité, elle n'est qu'un prétexte pour mettre Jésus à l'épreuve. On en a la confirmation en lisant la suite : « Ils disaient cela pour lui tendre un piège. » Le but caché de ces spécialistes de la loi est de piéger Jésus. Celui-ci va-t-il contredire la loi pour innocenter la femme ? Ou bien va-t-il se résoudre à la condamner ? C'est alors que Jésus fait quelque chose d'unique dans les évangiles : il se baisse et se met à écrire, ou dessiner, avec son doigt sur le sol. Quoi ? On l'ignore. On aimerait bien savoir. Après tout, il a peut-être griffonné un éléphant comme on gribouille sur un coin de feuille lorsqu'on réfléchit. On n'en sait rien. Soudain, il se relève et prononce la fameuse phrase : « Que celui qui n'a jamais péché lui jette la première pierre. » De nouveau, Jésus se baisse, se remet à écrire sur le sol, et le dénouement est sans appel : « Ils se retirèrent un à un, à commencer par les plus âgés » (Jn 8,11). Cette phrase me fait beaucoup rire.

Tous les accusateurs sont partis, et ce n'est qu'à ce moment-là que la femme devient active. Elle passe du statut d'objet entre les mains des hommes à celui de sujet qui va dialoguer en tête à tête avec Jésus. « Où sont ceux qui t'accusaient ? lui demande-t-il en se redressant. Personne ne t'a donc condamnée ? – Personne, Seigneur », lui répond-elle. Et Jésus de conclure : « Moi non plus, je ne te condamne pas ; va en paix. » Dans les manuscrits les plus anciens, le récit s'achève sur le mot « paix ». Mais les plus récents ont cru bon d'ajouter : « et désormais ne pèche plus ». Parce qu'il faut rester sérieux quand même ! (Rires.) Malheureusement, cet ajout est révélateur des lectures patriarcales qui pendant des siècles ont réduit la portée du texte à sa dimension morale.

Ce que je retiens de ce récit, c'est d'abord le profond respect de Jésus envers la femme. Il lui donne la parole, ce que les hommes qui l'accusaient n'ont pas fait. Ensuite, effectivement il ne la condamne pas, mais il va beaucoup plus loin. Jésus ne la juge pas, il ne lui fait pas la morale. Il la respecte dans ses choix, dans ses désirs, dans sa volonté, dans toute son humanité. Enfin, cette femme anonymisée par les hommes nous éclaire plus largement sur le sort réservé aux faibles, à tous ceux qui se trouvent réduits à un rôle d'objet. Tel est le message que je retiens : qui est-on pour juger l'autre ? Qui d'entre nous peut se regarder dans un miroir en se disant en toute honnêteté : je suis irréprochable et je peux prendre le rôle de juge ?

KAHINA : Dans le Coran, les relations hommes-femmes font l'objet de plusieurs versets vraiment très beaux. Il y en a un particulièrement touchant, dans lequel Dieu S'adresse aux hommes et leur dit au sujet des femmes : « Elles sont un vêtement pour vous et vous êtes un vêtement pour elles » (S2:V187). Ces mots reflètent parfaitement la vision du couple dans l'islam. La nudité qui se cache derrière le mot vêtement renvoie évidemment au désir sexuel, mais aussi à l'intimité, et donc à la fragilité de chacun. Ce verset renferme l'idée que l'homme et la femme, de manière parfaitement égale, doivent prendre soin du corps et de l'intimité de l'autre. Chacun doit être un secours pour l'autre. À mon sens, ce verset est le meilleur rempart contre toutes les lectures dévoyées du Coran que l'on peut entendre en ce moment. Par ailleurs, l'islam n'oppose aucun obstacle au plaisir dans le couple. À partir du moment où on reste dans le cadre du mariage, il n'y a aucune restriction. Jamais l'islam n'a séparé, comme c'est le cas dans le catholicisme, le plaisir et la procréation. Le plaisir dans la tradition religieuse de l'islam est complètement autorisé, et même mis en valeur. Il existe d'ailleurs un hadith dans lequel le Prophète lui-même dit : « J'ai aimé de votre monde ici-bas le parfum et les femmes, et le comble de ma satisfaction réside dans la prière. » Plus étonnant encore, on retrouve, cette fois-ci dans le texte coranique, plusieurs versets qui racontent une conversation entre le Prophète et un groupe de femmes se plaignant qu'à partir d'un certain âge leurs maris les délaissent sexuellement pour se tourner vers des plus jeunes. La conversation est très libérée. À tel point qu'un compagnon ayant entendu leurs échanges leur fait ce reproche : mais comment osez-vous parler ainsi de votre sexualité au Prophète ? Là, le Prophète intervient pour souligner qu'au contraire ces femmes ont bien fait de venir le voir, car ces choses-là doivent être abordées et débattues sans tabous. Cette invitation du Prophète à parler ouvertement des problèmes de sexe dans le couple, je la trouve magnifique. Et la dénonciation, au passage, de l'injustice amoureuse qui consiste à délaisser les femmes à partir d'un certain âge est vraiment admirable.

FLORIANE : Oui, le dialogue est essentiel dans les questions de désir. Le Cantique des cantiques que citait Emmanuelle est plein d'évocations érotiques, et le couple d'amants qui est au centre n'est d'ailleurs visiblement pas marié ; c'est un peu un amour sauvage, un amour du désert, de la liberté, lié à la fête de Pessah. Une autre histoire évoque l'amour sage et profond, l'amour de l'engagement, l'amour d'après les épreuves : c'est le Livre de Ruth, qui est lu au moment de la fête de l'Alliance et de la Torah, Chavouot[5]. Donc l'amour sensuel a également sa place et, dans tous les cas, vérifier le consentement est l'évidence de base. La nécessité absolue du consentement est évidente en théorie, mais elle ne l'est pas en pratique. Or toute pénétration non consentie relève du viol. Mettre en place une culture du consentement est donc plus urgent que jamais. C'est un outil de défense contre une sexualité destructrice et criminelle d'une part, mais c'est également la base de l'expression du désir et de la construction du plaisir. La question du désir dans toute sa beauté doit aussi être partagée et peut être verbalisée. La tradition juive insiste sur ces aspects. Maïmonide, célèbre maître et philosophe du XIIe siècle, insiste sur l'importance du respect du plaisir féminin, et Rabbi Shlomo Ganzfried, autorité du XIXe siècle, rappelle la nécessité de permettre à la femme un consentement éclairé.

> Il est interdit à un homme de priver sa femme de plaisir sexuel, et s'il la prive pour lui faire du mal, il a transgressé une interdiction d'ordre toraïque comme

5. Fête des semaines, du serment, ou du don de la Torah. C'est l'une des trois fêtes de pèlerinage, qui se situe quarante-neuf jours après Pessah, la fête de la liberté.

il est dit : « sa nourriture, ses vêtements et sa ona il ne les amoindrira pas » (Ex. 21:1) et s'il tombe malade ou que ses forces s'épuisent et qu'il ne puisse pas la pénétrer, il attendra six mois jusqu'à ce qu'il guérisse, car il n'y a pas de période plus grande que celle-là. Ensuite, ou il obtiendra sa permission, ou il lui accordera le divorce (Rambam, Michné Torah, hilkhot ichout, chapitre 14).

Il n'aura pas de relations intimes avec sa femme si ce n'est avec son plein accord [à elle], mais si elle n'en est pas contente, il n'aura pas de relations intimes avec elle, et d'autant plus il est interdit de la violer. Et de même il n'aura pas de relations intimes quand elle lui est détestable ou quand il lui est détestable [à elle]...et ainsi s'il a décidé intérieurement de divorcer d'elle et si elle ne le sait pas, même s'il ne la déteste pas, il lui est interdit d'avoir des relations intimes avec elle. Et aussi il n'aura pas de relations intimes avec elle quand elle est vraiment endormie, ni quand il est ivre, ou qu'elle est ivre (Shlomo Ganzfried, Choulhane Aroukh abrégé 150:10).

Le désir sexuel est parfois confondu ou mélangé avec d'autres besoins, le besoin de contact physique, le besoin de reconnaissance, etc. Ces autres besoins existent dans la relation amoureuse, mais ils peuvent aussi être satisfaits en dehors. Si mon besoin de reconnaissance est en friche, les signaux de reconnaissance qui me seront envoyés auront sur moi un impact démesuré. Alors que, si j'ai conscience de la diversité de mes besoins et de la pluralité des moyens pour les combler, je pourrai par exemple me tourner vers le câlin d'un ami, puis savourer à sa juste valeur la reconnaissance de mes compétences au travail, et finalement donner à la satisfaction de mon désir sexuel l'espace qu'il mérite. Ce faisant, je redonne de la place à la raison, à la réflexion, et à la liberté dans mon choix d'approfondir ma relation avec telle ou telle personne. Alors, dans cette configuration-là, tout s'apaise. Marshall Rosenberg[6] en parle très bien. Si l'on me dit non, ce n'est pas un drame. Ce non ne me prive pas de toute ma sexualité, ni de mon estime de moi, ni de ma seule chance de contact physique. De la même façon, si moi j'ai besoin de dire non, je saurai que la personne en face de moi prendra la responsabilité de ses besoins dans la diversité de ses options. Mais pour arriver à ce résultat, en effet, il faut pouvoir en parler, sans violence. Il est essentiel d'apprendre à concevoir le plaisir que représente le respect de l'autre, de son corps, de son consentement, le plaisir qui consiste à parler des projets amoureux et érotiques. La parole érotique est précieuse sur le plan éthique, et agréable en termes de sensualité. L'Écoute mutuelle, par exemple, encourage une discussion approfondie sur tous les plans. En cela les rabbins du Talmud que nous avons cités nous donnent l'exemple, car ils n'imposent aucun tabou. Des prescriptions, parfois, mais pas de tabou. Ça ne devrait pas être dangereux de dire à quelqu'un : « Je ressens plein de belles choses pour toi… » Et d'ajouter tout

---

6. Marshall B. Rosenberg, fondateur de la Communication NonViolente (voir p. 24), est l'auteur notamment du livre *Les mots sont des fenêtres (ou bien ce sont des murs)*, La Découverte, 2016.

aussi sereinement : « Mais si ça ne vaut pas la peine que j'y revienne, il faut me le dire au fond des yeux ! »

EMMANUELLE : Toi aussi tu es fan de William Sheller ? Nous avons un point commun ! (Rires.)

FLORIANE : C'est vrai que j'aime beaucoup cette chanson ! Je crois que je me suis égarée. (Rires.) Pour résumer, le message que je voudrais faire passer est le suivant : nous méritons toutes et tous de trouver, quelle que soit l'intensité de notre trouble, comment nous pouvons l'exprimer de façon sécurisée, identifier correctement ce qui nous arrive et en tirer le meilleur pour soi et pour l'autre.

EMMANUELLE : L'éducation à faire dans ce domaine-là est importante. Par exemple, il y a confusion entre pulsion, désir et amour. Aujourd'hui, tout ce qui consiste à mettre à distance ses pulsions est balayé d'un revers de main. La fidélité, par exemple, est raillée, comme s'il s'agissait d'un concept ringard.

KAHINA : « La fidélité est ringarde » parce que l'hyperconsommation dans laquelle nous vivons et qui s'étend à tous les domaines de la société (nourriture, vêtements, voitures, montres, etc.) a imposé le postulat suivant : ce que je veux, je dois l'obtenir tout de suite, maintenant, et sans me poser de question. Ce modèle est devenu valable aussi pour les plaisirs du corps. Le problème, c'est que la sexualité est un accès direct à notre intimité, et si elle est maltraitée d'énormes dégâts risquent de se produire. Je te rejoins,

Emmanuelle, sur cette confusion contemporaine entre désir et amour. Le partenaire qui a la « bonne anatomie » n'a peut-être pas du tout les mêmes valeurs que moi, et rien ne garantit que cette personne prendra soin de moi.

FLORIANE : Pour rebondir sur ce que tu dis, j'ajouterais que notre société valorise tout ce qui est monétisé. Or nous parlons toutes les trois de quelque chose qui n'est pas monétisable. La pornographie, c'est monétisable. La capacité à s'écouter mutuellement, avec respect et empathie, ne l'est pas. Cette action est pourtant vitale, dans le cadre amical ou dans le cadre de pratiques telles que l'Écoute mutuelle. Quand des gens consomment du porno, il y a d'autres gens à qui ça fait gagner beaucoup d'argent. Une sexualité épanouie et respectueuse ne fait gagner d'argent à personne. Voilà à quoi on se heurte. Voilà pourquoi j'insiste sur l'importance de la verbalisation. Lever les tabous, développer les espaces d'expression pour parler de sexualité me semble absolument essentiel. Plus on peut s'exprimer, plus les problèmes sont reconnus, plus les solutions deviennent accessibles. Par opposition, moins on peut en parler, plus on multiplie les tabous, en augmentant les risques d'insatisfaction, de frustration, de malentendus et au final les risques de violence, voire de viol. Consentir, c'est verbaliser. Je trouve important de s'encourager à verbaliser, à ce que chacun et chacune puissent assumer et exprimer son propre désir dans le respect sans laisser le monopole de l'expression du sexuel à l'industrie pornographique. Récemment, un ami de ma fille m'a parlé de pornographie éthique…

EMMANUELLE : Ça existe ?

FLORIANE : Je n'y connais rien. Mais je vais m'y intéresser. (Rires.) J'ai envie de savoir. Les enjeux éthiques et le respect dans les rapports femmes-hommes liés à la pornographie sont vraiment trop importants. À ce sujet, on trouve dans le Talmud un épisode plutôt surprenant. Un jour, Rav Kahana se cache sous le lit de Rav, son maître. Tandis que ce dernier est en pleine action amoureuse avec son épouse, Kahana s'exclame : « On dirait que mon maître n'a jamais humé le plat ! » Pour qui n'aurait pas bien saisi le sous-texte, le disciple commente la performance de son maître en le félicitant pour sa créativité ! « Kahana ! Tu es là ? Sors d'ici, ça ne se fait pas ! » lui ordonne le rabbin. Et le disciple de se justifier : « Pourtant, cela aussi relève de la Torah, et il faut bien que j'apprenne ! » (Talmud Berakhot 62a).

KAHINA : C'est vrai que la société moderne nourrit le fantasme d'un antagonisme profond entre religion et sexualité, alors qu'en réalité les textes religieux sont très libérés sur ces questions ! « Vos femmes sont pour vous comme un champ de culture ou de labour (*harth)* ; allez donc à vos champs comme vous l'entendez (*faatou harthoukoum anna chiitoum*) » (S2:V223). D'après les commentateurs classiques, ce verset a été révélé pour tenter de rectifier certaines coutumes concernant les relations sexuelles des gens de Médine. Des musulmans de La Mecque, en migrant vers Médine, ont épousé des Médinoises et se sont aperçus que leurs femmes refusaient certaines positions sexuelles, notamment celle de l'homme derrière la femme.

Il semblerait que les femmes de Médine avaient adopté une ancienne superstition juive selon laquelle « si l'homme se positionnait derrière sa femme, l'enfant de cette union naîtrait atteint de strabisme ». Le verset que j'ai cité a pour but de « contester » ce genre de croyances, et rassurer les musulmans sur le fait que les rapports sexuels sont libres et que la position de l'acte n'a aucun impact négatif ni sur les partenaires ni sur les enfants à naître.

FLORIANE : Je ne connais pas cette superstition... On peut juste mentionner que les sentiments amoureux sont très présents, dans le Cantique des cantiques que citait Emmanuelle, et qu'on chante tous les vendredis soir ainsi qu'à la fête de Pessah.

KAHINA : Les mots « vagin » ou « parties génitales » sont cités à sept reprises dans le Coran.

FLORIANE : Alors là tu gagnes ! Parce que dans la Torah, il n'y est pas !

EMMANUELLE : Il y a les règles de Sarah, tout de même...

FLORIANE : Dans le Talmud, on trouve une vraie réflexion sur la satisfaction sexuelle de la femme. D'ailleurs, un passage assez croustillant explique que, si la femme jouit en premier, le bébé sera un garçon !

KAHINA : C'est excellent, ça ! (Rires.)

FLORIANE: Oui ! Donc, d'un côté, le carcan patriarcal dicte le désir d'avoir un petit garçon ; mais, de l'autre, s'exprime une intention extrêmement favorable aux femmes !

KAHINA: Pour être tout à fait honnête avec vous, je suis un peu gênée parfois par notre conversation, tant elle me semble déconnectée des réalités de l'islam d'aujourd'hui. Plusieurs études ont démontré qu'un des ressorts psychologiques les plus importants pour expliquer le basculement de certains jeunes dans le terrorisme serait la misère sexuelle. Un des arguments les plus efficaces utilisés par les recruteurs est d'ailleurs la fameuse promesse des soixante-douze vierges faite aux martyrs qui iront au paradis. Il ne s'agit bien évidemment pas d'une promesse coranique. Elle vient des textes apocryphes de la tradition prophétique. Mais la place que ces derniers ont prise dans la propagande fondamentaliste est symptomatique. Aujourd'hui, en Iran, des femmes sont lapidées parce qu'elles ont été accusées d'adultère, et que la loi musulmane qui exige deux témoins visuels, la justice iranienne n'en tient pas compte. Dans certains pays du globe, on en est là. Sans partir au bout du monde, à Besançon, une jeune fille d'origine bosniaque musulmane a été battue et tondue par sa famille parce qu'elle fréquentait un chrétien. L'islam d'aujourd'hui, il faut le dire, c'est aussi une immense hypocrisie autour de la question de la sexualité. Comment peut-on faire semblant de croire que les relations intimes n'existent pas avant le mariage ? Ces histoires de jeunes musulmans qui vivent leur puberté avec des petites copines européennes et qui au moment du mariage partent chercher une vierge dans leur pays d'origine, ce n'est pas une vision de l'esprit. Ces choses-là existent et provoquent chez moi un profond malaise. Parce que le plus inacceptable dans ce type de relations dites « hors mariage », qui impliquent forcément deux personnes, c'est qu'évidemment la culpabilité retombe toujours sur la femme. Que dire de tous ces hommes qui passent la première partie de leur vie à s'amuser avec des femmes et qui au moment de se marier réclament de leur future épouse qu'elle soit vierge, que personne ne l'ait touchée avant eux, quitte à la prendre au berceau ? Mais de qui se moque-t-on ? Comment peut-on vivre dans une telle schizophrénie ? Ces hommes ont un rapport malsain à leur sexualité, et donc à leur épouse. Un jour ou l'autre, les musulmans vont devoir regarder ces incohérences en face. Oui, la religion nous oblige à attendre le mariage pour avoir des relations sexuelles, mais la société a beaucoup changé. On ne se marie plus à l'âge de seize ans comme c'était le cas au temps du Prophète. Aujourd'hui, pour se marier, on attend souvent d'avoir fini ses études et trouvé un travail. D'ici là, qu'est-ce qu'on fait ? Ces questions, qui sont à ajouter à la liste des impensés de la religion musulmane, sont devenues taboues, personne n'ose en parler, chacun essaie de s'en sortir comme il peut, et voilà comment on débouche sur des perversions que je trouve insupportables.

EMMANUELLE : D'une manière ou d'une autre, il faut que ce livre reflète le long silence que nous observons à la suite à de ta colère, Kahina.

FLORIANE : Faisons une pause pour boire un verre d'eau et remettre de l'ordre dans nos émotions.

KAHINA : Oui, c'est une bonne idée.

Quinze minutes plus tard.

EMMANUELLE : Notre conversation me fait penser à une phrase de Paul dans sa Lettre aux Corinthiens (1 Co 10,23) : « Tout est permis, mais tout n'est pas utile ; tout est permis, mais tout n'édifie pas. » La question n'est pas de se fixer des interdits, mais de se poser les bonnes questions. En effet, j'ai le droit de suivre mes pulsions, mais qu'est-ce que cela construit ? Qu'est-ce que ça va me permettre de construire ? Qu'est-ce que ce mode de fonctionnement va inscrire dans le temps ? Si par exemple je désire manger un aliment tout en sachant que je le supporte mal, est-ce que le plaisir immédiat qu'il va me procurer vaut le coup que je me rende malade ? Cet exemple peut en appeler bien d'autres dans tous les domaines.

FLORIANE : Entièrement d'accord avec toi, Emmanuelle. Les pulsions sont importantes et respectables, mais elles ne peuvent pas être aux commandes de nos vies. La nourriture est un autre champ d'application important concernant la question du désir. C'est un élément central de notre rapport au corps. Ce que tu viens d'expliquer constitue l'une des raisons fondamentales de l'existence de la cacherout, la règle alimentaire casher. Il y a des choses que l'on ne mange pas, comme le porc ou les fruits de mer. Et lorsqu'on me demande pourquoi, j'ai toujours envie de répondre : parce que c'est intéressant ! En fait, c'est une question de rapport au monde. Si on mange de tout, tout le temps et sans limites, on perd le plaisir de manger, mais aussi notre liberté, puisqu'on se laisse gouverner par nos pulsions. Moussa Nabati[7] en parle très bien dans son livre *Ces interdits qui nous libèrent*. Mais la contrainte qui interdit de manger certaines choses doit toujours être compensée par le fait de manger de bonnes choses, de prendre du plaisir, et en bonne compagnie, dans la pleine conscience, ce qui se traduit dans la tradition juive par l'usage de prononcer des mots de satisfaction et de responsabilités, des « bénédictions ».

> Rabbi Hanina bar Papa a dit : Toute personne qui jouit de ce monde sans bénédiction agit comme si elle dérobait quelque chose au Saint béni soit-il et à l'assemblée d'Israël comme il est dit (Pr 28:24) : « Voler père et mère en disant que ce n'est pas un crime, c'est se faire le compagnon d'un artisan de ruines. » Son père c'est le Saint béni soit-il comme il est dit : « N'est-il pas ton père et ton créateur » (Dt 32:6) et sa mère n'est autre que l'assemblée d'Israël comme il est dit (Pr 1:8) : « Ne rejette pas l'enseignement de ta mère » (Talmud Berakhot 31a).

---

7. Psychanalyste, docteur en psychologie de l'université de Paris. *Ces interdits qui nous libèrent*, Dervy, 2012.

C'est vraiment capital. Bien sûr, *a priori*, il faut agir avec intelligence. Mais pourtant nous sommes également sensibles à des parties plus primitives de notre cerveau, qui recherchent une satisfaction immédiate. C'est important de les prendre en compte et de les orienter, par exemple en trouvant une façon créative d'agir à la fois avec intelligence et avec plaisir. Pour que l'action éthique soit aussi celle qu'on a envie de réaliser. Ce n'est pas toujours le cas dans la vie, et parfois bien agir semble peu rentable. En cela, le deuxième paragraphe du Chema Israël («Si tu fais tout bien, tout ira bien pour toi»), qu'on lit deux fois par jour, peut devenir extrêmement culpabilisant. Que se passe-t-il si ça ne va pas bien pour toi? Est-ce que c'est forcément ta faute? Est-ce que l'on doit t'accuser au lieu de te soutenir? Non, il faut éviter cette lecture-là. Il arrive qu'on agisse bien est que cela nous coûte, mais lorsque c'est possible il est préférable d'agir bien et d'en tirer une satisfaction. «Si tu fais tout bien» doit s'entendre comme une invitation à créer en toute conscience le cadre favorable à une forme de récompense. C'est la raison pour laquelle, à titre personnel, j'essaie aussi de viser des récompenses à court terme pour ce que je fais bien, en plus de ma vision à long terme. La nourriture est une façon de nous éduquer à nous récompenser pour nos actes de courage. Lorsque je mange, je prononce une bénédiction, je dis une chose positive, je m'encourage à penser du bien des actes éthiques que j'ai accomplis pendant la journée. Manger apporte un sentiment de satisfaction, j'essaie d'associer ce sentiment à ce dont je suis fière dans la journée, pour associer courage et plaisir, j'espère que cela fait sens…

KAHINA: Dans l'islam, on fait attention à la quantité. On retrouve une tradition prophétique qui dit: « Je ne mange jamais sans avoir faim et je ne mange jamais jusqu'à satiété. » Autrement dit: se limiter, observer des règles, ne pas manger à n'importe quelle heure ou n'importe comment. D'abord, j'attends d'avoir faim et, lorsque je passe à table, je ne mange pas jusqu'à ce que mon ventre soit complètement rempli. C'est du bon sens. Mais dans certaines branches du soufisme, le rapport à la nourriture est beaucoup plus profond. Au cours de leurs retraites spirituelles, certains mystiques s'interdisent par exemple de manger de la viande, parce qu'ils considèrent que tout ce qu'on mange a des effets non seulement sur le corps, mais aussi sur l'âme. D'où l'idée que les animaux dont on mange la viande doivent être traités avec respect. Si l'on mange la viande d'un animal qui a souffert, nous allons quelque part absorber une partie de cette souffrance. Ce courant du soufisme fait écho à la tradition prophétique selon laquelle nous sommes responsables devant Dieu de tout ce que l'on fait avec notre corps. Le jour du Jugement, chaque membre du corps pourra s'exprimer pour dire s'il a été maltraité, ou si la personne lui a fait faire des choses illicites. Les mains, par exemple, pourront témoigner devant Dieu si l'individu a commis un vol, alors qu'elles n'étaient pas destinées à cet usage. Les yeux doivent contempler ce qui est beau, sans devenir intrusifs ou voyeurs. Et ils pourront dire à Dieu s'ils ont regardé quelque chose qu'il ne fallait pas voir. La méthode est valable pour tous les sens et tous les membres du corps. Il faut donc prendre soin de ce corps qui ne nous appartient pas vraiment, ne surtout pas s'automutiler, se rendre malade, ou prendre le risque de se blesser.

EMMANUELLE : Puisque l'on parle de l'intégrité du corps, quelle est la place de la circoncision dans vos deux traditions ?

FLORIANE : Dans la tradition juive, l'acte chirurgical de la circoncision est accompli au huitième jour de vie de l'enfant car les terminaisons nerveuses ne sont pas encore abouties, le niveau de douleur est donc au plus bas, et c'est le moment où le corps a le plus de capacités à cicatriser. D'où vient la pratique de la circoncision dans le judaïsme ? La *brit mila*, l'« alliance du mot » traduite dans le concret par la circoncision, vient du chapitre 17 de la Genèse. Je vous ai raconté rapidement les difficultés que Sarah a rencontrées pour devenir mère. Nous avons compris que la relation entre Saraï et Abram a dû se rééquilibrer, se transformer en une nouvelle relation associant deux personnalités plus mûres, Sarah et Abraham. Mais le changement de nom ne suffit pas à l'évolution de la relation : un changement physique intervient à ce moment précis, où Abraham reçoit le commandement d'inscrire l'alliance dans le corps masculin, à travers la circoncision. Ce signe, comme le marquage des portes au moment de la sortie d'Égypte, est irrévocable. Il implique une renonciation aux privilèges de la nature et à ses cruautés. Nous devons choisir, renoncer aux privilèges naturels indus et nous battre contre les cruautés naturelles réductrices.

> 9 Dieu dit à Abraham : « Pour toi, sois fidèle à Mon alliance, toi et ta postérité après toi dans tous les âges.
> 10 Voici le pacte que vous observerez, qui est entre Moi et vous, jusqu'à ta dernière postérité : circoncire tout mâle d'entre vous (Gn 17:9-10).

Voilà l'origine biblique de la circoncision. D'un point de vue philosophique, je dirais qu'il s'agit d'inscrire un élément d'ordre culturel dans la nature du corps. Encore une fois, le corps et la nature sont importants, mais ce ne sont pas eux qui ont le dernier mot. La reproduction de l'espèce est essentielle, mais la relation d'amour et l'intimité physique s'inscrivent d'abord dans le cadre relationnel. Si nous voulons être « à l'image du transcendant », nous devons nous élever au-dessus de la nature, et la circoncision est une façon de marquer ce choix.

KAHINA : Chez les musulmans, la circoncision vient du judaïsme, elle a été intégrée à la tradition prophétique, mais elle ne figure pas dans le Coran. D'ailleurs on peut très bien se convertir à l'islam sans se faire circoncire.

FLORIANE : Parler des rituels liés à la naissance me fait penser à un sujet que nous n'avons pas encore abordé et qui est absolument central dans la vie d'une femme : la contraception et l'avortement. Dans la tradition juive, la famille, les enfants, sont très importants, d'où l'existence d'un devoir d'éducation, bien sûr, mais aussi d'un devoir d'engendrement. La procréation est considérée comme étant un commandement masculin. Aussi est-il possible, d'un point de vue juif orthodoxe, d'interdire le préservatif masculin. Un homme a l'obligation d'enfanter au moins un garçon et une fille, qui eux-mêmes auront au moins un garçon et une fille. On pourrait bien sûr en discuter sur les plans éthique et sociologique. Cette disposition présente un autre aspect, primordial pour les femmes : elles n'ont pas l'obligation d'enfanter. Si bien que la contraception féminine n'entre pas dans le champ de la loi juive, elle ne pose pas vraiment de problème.

Par ailleurs, si l'on prend la peine d'observer le contexte démographique, on s'aperçoit d'une part que la Terre n'était pas aussi peuplée qu'aujourd'hui, d'autre part que la mortalité infantile était très élevée. Nous parlons d'un monde dans lequel ne pas faire d'enfant signifiait à coup sûr l'extinction de la tribu. En outre, le judaïsme n'étant pas une religion prosélyte, la solution qui consiste à convertir d'autres populations n'est pas envisageable. On peut donc imaginer qu'en ce temps-là l'inquiétude était grande face au risque de disparition du peuple juif. L'obligation pour les hommes d'enfanter au moins un garçon et une fille peut se comprendre, et même sembler plutôt raisonnable. La question de la démographie juive est encore très forte aujourd'hui, après la Shoah et dans un monde où rester juif dans la société globale est difficile. Mais cette préoccupation légitime ne doit pas être utilisée comme un moyen de pression exercé sur le corps des femmes.

KAHINA : Dans l'islam, comme je le disais, la question de la contraception ne pose aucun problème, à partir du moment où le couple s'est mis d'accord sur le nombre d'enfants. D'une manière générale, il n'y a aucun interdit médical, tant que le mode de vie va dans le sens du bien-être des gens. Quant à l'avortement, il est autorisé pour un couple marié pour raisons médicales, par exemple si la grossesse fait courir un grave danger à la mère. Reste tout de même un débat autour de l'âge du fœtus. La question est de savoir à quel stade de développement on considère que l'âme a été insufflée au fœtus. Généralement on dit que c'est au bout de cent vingt jours. À partir de là, avorter devient beaucoup plus compliqué. C'est comme si on tuait un être humain. Néanmoins, tant que l'enfant n'est pas né, en cas de problème, c'est toujours la vie de la mère qui prime.

FLORIANE : Dans le judaïsme également, la vie de la mère prime jusqu'au moment où l'enfant a sorti sa tête. C'est-à-dire qu'à partir de cet instant précis les deux vies sont humaines et de valeur égale. Si la mère est en danger, elle n'est plus prioritaire. Avant ce délai, en revanche, si la grossesse fait courir un risque à la mère, même si le fœtus est très développé, la Michna dit : « On découpe le corps de l'enfant dans l'utérus pour le sortir pièce par pièce afin de protéger la mère » (Michna 6). Toutes mes excuses pour ce discours très cru qui aurait sa place dans un traité de chirurgie. Il existe aussi dans le Talmud une loi abominable mais significative – je fais confiance aux personnes qui liront ce passage pour le contextualiser et je rappelle que la question de la peine de mort est théorique, puisqu'on s'arrange toujours pour ne pas l'appliquer. Cette loi dit qu'une femme enceinte condamnée à mort sera exécutée, sans attendre que l'enfant naisse. La raison invoquée : on n'ajoute pas à un condamné à mort le désespoir que représente l'attente de son exécution. Le fœtus n'étant pas considéré comme une personne à part entière, sa mort est en quelque sorte secondaire par rapport à la dignité de la condamnée. Bref, la conclusion est claire : la vie *in utero* n'est pas considérée comme humaine ni prioritaire.

Aujourd'hui, l'avortement peut concerner des jeunes filles qui tombent enceintes parce que la pilule et le préservatif ne sont pas fiables à cent pour cent. Ces jeunes filles ont-elles le droit de choisir entre le risque d'avorter et le risque d'avoir un enfant trop tôt ? Lorsqu'on parle de la santé de la mère, du point de vue de la tradition juive, doit-on prendre en compte sa santé psychologique ? Voire la santé mentale de toute la famille ? Ces questions sont réglées différemment selon le degré d'ouverture du rabbin consulté. Une chose est sûre, le meilleur moyen d'éviter les avortements reste d'alléger la charge que fait peser l'enfant sur la femme, sa santé, sa carrière. Faciliter l'accès à l'avortement, c'est aussi une façon de se dispenser de construire des crèches, de mettre en place les congés paternité, ou encore d'améliorer les conditions financières des jeunes parents. Je pense qu'un enfant ne devrait jamais être une malédiction, et malheureusement il peut le devenir pour une femme qui n'a pas de quoi remplir son Caddie, ou qui en a déjà eu quatre et se sent au bout du rouleau. Les raisons, hélas, ne manquent pas.

EMMANUELLE : Je suis en tout point d'accord avec ce que tu viens de dire. J'ajouterais que le dialogue avec le papa est un rouage essentiel dans cette question. Malheureusement, trop de jeunes filles se retrouvent seules face à un choix qui finalement n'en est plus un. Plutôt qu'une solution, l'avortement est bien souvent un moindre mal.

FLORIANE : Nous sommes toutes les trois d'accord. Il serait préférable de vivre dans une société plus juste, pour les pauvres, pour les femmes, et pour les femmes pauvres, ce qui entraînerait à coup sûr une baisse du nombre d'avortements. Néanmoins, compte tenu des paramètres sociétaux avec lesquels nous vivons, il est important de dire que l'avortement est un bon choix pour les femmes qui le décident. Je crois qu'il faut absolument éviter d'ajouter la culpabilisation à l'injustice que subissent les femmes déjà acculées à cette décision. Je souhaite de tout mon cœur que toutes les femmes qui avortent, quel que soit leur âge, puissent assumer leur choix, se sentir bien et heureuses. Par ailleurs, je pense que faciliter l'accès à l'avortement peut paradoxalement inciter les pouvoirs publics à changer les conditions qui rendent la vie dure aux individus et aux familles. Si l'effondrement de notre démographie les inquiète, s'ils s'alarment que les femmes ne veuillent plus faire d'enfants, alors peut-être qu'ils commenceront à réfléchir à des politiques égalitaires et cohérentes. Il est trop facile de montrer du doigt les femmes qui avortent et d'échapper à notre responsabilité politique. Les personnes qui veulent défendre la natalité peuvent se consacrer au soutien des femmes, des mères, des enfants, et des pères. Les femmes qui se retrouvent enceintes doivent pouvoir choisir le plus librement possible la suite de cette parentalité en devenir.

EMMANUELLE : Mon inquiétude pour notre société, c'est que l'avortement finisse par être banalisé. Les personnes que cela concerne doivent être libres de leur choix, mais dans les deux sens. Autant les difficultés socio-économiques sont à prendre en compte, autant les jeunes filles qui tombent enceintes doivent être protégées de toute pression.

KAHINA: Récemment j'ai lu le témoignage d'une jeune fille qui racontait son expérience de l'avortement et qui s'indignait de ce qu'on pourrait appeler le déséquilibre éducatif entre les hommes et les femmes. Dans l'éducation des enfants, c'est aux filles qu'on dit: « Fais attention, si tu mets une jupe, tu risques de te faire embêter ! » Ou encore lorsqu'elles grandissent: « C'est sur ton corps que la grossesse sera visible, donc attention ! » Tout le poids de la sexualité et de ses conséquences repose sur la fille, le garçon n'est jamais responsabilisé. Il faut que cette habitude change. Il faut éduquer les garçons. Et si je ne devais faire passer qu'une seule idée concernant notre rapport au corps, un seul mot, ce serait: « respect ». Le respect de soi, de son corps et de celui des autres.

Jour 6

Vous parlez souvent de l'approche historico-critique des textes. Comment arrivez-vous à faire la part des choses entre ce qui est de l'ordre du divin et de la transcendance, et ce qui appartient à l'histoire et à la culture ?

FLORIANE : Adopter une approche historique et critique des textes, c'est considérer le divin, la transcendance, l'inspiration que renferment les textes, tout en analysant la part de l'histoire dans notre vision du judaïsme, du christianisme et de l'islam. C'est considérer que ce que disent nos traditions n'est pas *la* vérité unique, puisque leur message a évolué au fil de l'histoire et continuera de le faire. Cette méthode implique nécessairement d'accorder une place à toutes les lectures, tous les courants, des plus orthodoxes aux plus libéraux, sans oublier ceux qui n'appartiennent pas à nos catégories habituelles, qu'ils soient d'une autre religion ou athées. Parce que, si la seule histoire que l'on admet est celle d'une divinité qui nous aurait donné un texte, en nous disant : « Ce texte est meilleur que tous les autres et les personnes qui oseraient prétendre le contraire finiront en enfer », cette posture revient à fermer la porte, en laissant dehors quiconque n'adhérerait pas à ce récit. S'il n'y a qu'une seule vérité, une seule autorité, et que l'on doive apprendre par cœur le message qu'elle délivre, on se retrouve à l'opposé de la quête de liberté que l'on reconnaît dans les textes. Au contraire, si l'on considère les textes sacrés comme une inspiration, on admet plusieurs façons de vivre cette inspiration, en laissant une place également respectable aux différentes religions, aux différentes tendances au sein de chaque religion, aux différentes approches individuelles dans ces tendances. Chacun, chacune a une liberté de compréhension face au texte, et peut s'en inspirer pour faire preuve de liberté dans la vie. La question rejoint en outre celle du féminisme, parce que, si l'on considère qu'il y a plusieurs façons de comprendre le texte, il devient assez simple de comprendre aussi pourquoi, dans un monde très misogyne, le texte a été compris de façon très antiféministe ; et pourquoi, au contraire, aujourd'hui il est possible – et essentiel ! – de le lire de façon féministe, de façon égalitaire. Donc, première interrogation : Dieu a-t-il donné les évangiles, le Coran et la Torah au mont Sinaï ? Ah ! pardon…

EMMANUELLE ET KAHINA : (Rires.)

EMMANUELLE : Vous savez que la Réforme protestante trouve son origine dans la lecture renouvelée de la Bible par Martin Luther. Cette lecture conduit Luther à affirmer trois «*soli*»: *sola gratia, sola fide, sola scriptura.* C'est-à-dire la grâce seule, la foi seule, l'Écriture seule. L'Écriture, ou la Bible, témoigne de la grâce de Dieu pour les humains, grâce reçue dans la foi. J'ai déjà eu l'occasion de le dire, la lecture de la Bible est centrale pour les protestants. Mais cette affirmation ouvre immédiatement la porte à d'innombrables questions. Pourquoi dit-on que la Bible est la Parole de Dieu? Doit-on obéir à tout ce qui y est écrit? Que fait-on des récits violents que contient la Bible? Quel sens peuvent-ils avoir pour le lecteur? Et que fait-on des textes qui se contredisent? Si c'est la Parole de Dieu, pourquoi permet-elle des interprétations différentes? Comment doit-on la comprendre?

Un premier paradoxe saute à l'esprit. On dit de la Bible, qui est un texte, qu'elle est la Parole de Dieu. Comment un texte peut-il être parole? Il le devient si on le lit à voix haute, s'il «prend vie» pour le lecteur. Il n'est donc pas exact de dire que les chrétiens sont un peuple «du Livre». Le livre, en l'occurrence, est comme une trace, un repère, un aide-mémoire pour se souvenir, pour lire et relire, afin de rendre vivant ce qui a été gardé depuis des siècles. Ainsi, je ne dirais pas que «la Bible est la Parole de Dieu». Si le livre reste fermé, s'il prend la poussière sur une étagère, on ne court pas le risque qu'il nous dise quoi que ce soit!

D'ailleurs, un beau récit biblique illustre très bien cette démonstration. Il se trouve au Livre des Actes des Apôtres (8,26-40) et raconte la rencontre entre Philippe et un homme qui est présenté comme le ministre du Trésor de la reine d'Éthiopie. L'histoire est connue sous le titre «Philippe et l'eunuque éthiopien». L'Éthiopien est assis dans son char et lit à voix haute un passage du Livre du Prophète Ésaïe. Philippe le rattrape et lui dit: «Comprends-tu ce que tu lis?» L'homme lui répond: «Comment le pourrais-je, si je n'ai pas de guide?» Il invite Philippe à monter dans le char et s'ensuit un dialogue qui conduit au baptême de l'eunuque éthiopien.

Le texte biblique peut prendre sens pour le lecteur; mais pour qu'il devienne vivant il faut qu'il soit expliqué, interprété, et surtout proclamé, c'est-à-dire que celui qui lit expose ensuite comment il fait sens pour lui. C'est l'Esprit qui donne au texte vie et sens pour l'auditeur. Les récits de conversion témoignent de l'incroyable diversité des moyens par lesquels résonne et prend sens une Parole. Entre autres: la lecture personnelle, la lecture communautaire et la prédication (au sens d'une recherche et d'une présentation du sens du texte pour le prédicateur lui-même), qui permettent de rendre vivante à nouveau cette «Parole de Dieu» gardée dans la Bible. Il m'est donc impossible de dire à quelqu'un: «Fais ceci parce que c'est écrit dans la Bible»! Ce serait, pour moi, tout le contraire de l'évangile! Je ne ferais pas quelque chose parce que c'est écrit, mais je serais conduite à faire quelque chose parce que j'ai reçu une Parole qui m'a mise en route, qui m'a «percutée», qui m'a bouleversée et qui m'a amenée à changer de manière de vivre. Je ne peux rien dire à l'autre, rien imposer à l'autre. Je ne peux que recevoir pour moi. Et ensuite témoigner.

Par ailleurs, il est passionnant de voir comment la Bible mène le dialogue avec elle-même. À l'intérieur même du texte, on trouve des antidotes au littéralisme, à la tentation propre à tout être humain de chercher des réponses dans les textes bibliques au lieu d'y chercher des questions. Il faut avouer que ce serait tellement plus simple ! Un exemple incroyable se trouve dans le récit de la tentation de Jésus. Ce récit est rapporté par trois évangiles (et de manière différente) : Matthieu, Marc et Luc.

> 1 Alors Jésus fut emmené par l'Esprit au désert,
> pour être mis à l'épreuve par le diable. 2 Après avoir
> jeûné quarante jours et quarante nuits, il eut faim.
> 3 Le tentateur vint lui dire : Si tu es Fils de Dieu,
> ordonne que ces pierres deviennent des pains. 4 Il
> répondit : Il est écrit : L'être humain ne vivra pas de
> pain seulement, mais de toute parole qui sort de la
> bouche de Dieu. 5 Le diable l'emmena dans la ville
> sainte, le plaça sur le haut du Temple 6 et lui dit : Si
> tu es Fils de Dieu, jette-toi en bas, car il est écrit : Il
> donnera à ses anges des ordres à ton sujet, et ils te
> porteront sur leurs mains, de peur que ton pied ne
> heurte une pierre. 7 Jésus lui dit : Il est aussi écrit :
> Tu ne provoqueras pas le Seigneur, ton Dieu. 8 Le
> diable l'emmena encore sur une montagne très haute,
> lui montra tous les royaumes du monde et leur gloire,
> 9 et lui dit : Je te donnerai tout cela si tu tombes à
> mes pieds pour te prosterner devant moi. 10 Jésus lui
> dit : Va-t'en, Satan ! Car il est écrit : C'est devant le
> Seigneur, ton Dieu, que tu te prosterneras, et c'est à
> Lui seul que tu rendras un culte. 11 Alors le diable le
> laissa, et des anges vinrent le servir (Mt 4,1-11).

Que se passe-t-il dans ce récit ? Jésus repousse les pièges de Satan en citant des textes de la Bible. Alors le tentateur met Jésus à l'épreuve en citant lui aussi un texte de la Bible. Et Jésus lui répond, dans un combat verset contre verset, comme deux combattants se serviraient de leurs armes dans un duel. Un duel de versets bibliques ! « Il est écrit »... ces trois petits mots peuvent être brandis pour faire vivre ou pour faire mourir, pour encourager ou pour faire tomber. Ce récit qui met en scène Jésus confronté à l'épreuve est à mon sens la plus belle des mises en garde contre l'habitude de « dégainer des versets bibliques » à la moindre occasion, en dehors de toute attention au texte, à son contexte et à son interlocuteur !

KAHINA : L'approche historico-critique est un enjeu majeur dans le contexte de violence que traverse l'islam aujourd'hui. Comme vous venez de l'expliquer, c'est la seule méthode qui permet d'éviter la lecture littéraliste et superficielle des textes, sur laquelle s'appuient tous les mouvements fondamentalistes. Je suis souvent frappée de voir des gens utiliser le texte coranique comme s'il s'agissait de la notice d'un lave-linge. C'est vraiment très déstabilisant, lorsque vous parlez avec quelqu'un d'un sujet complètement banal, quand soudain la personne sort le Coran de sa poche en se demandant à voix haute : « Que dit le Coran à ce propos ? » Ces gens-là n'ont évidemment aucune formation pour lire le texte coranique, aucune connaissance du contexte, de l'histoire. Rien. Ces comportements, malheureusement, se multiplient. La violence qu'ils engendrent n'est pas surprenante, puisque, comme dans tous les textes, on y trouve des exemples de guerres, de conflits, de règlements de comptes, etc. Mais comment faire comprendre qu'une histoire racontée dans le Coran n'est pas forcément une prescription, une obligation à laquelle on doit se conformer sous peine de ne pas être considéré comme musulman ? L'approche historico-critique est la bonne voie, peut-être même la seule. Il devient urgent pour l'islam de l'adopter. Hélas, comme c'est le cas pour le judaïsme et le christianisme, cette méthode se confine dans des bulles intellectuelles totalement méconnues du grand public. L'enseignement critique reste dans des livres inaccessibles à la plupart des musulmans, il ne descend jamais au niveau de la rue. Voilà d'ailleurs l'objet de notre livre, me semble-t-il. Parce que toutes les trois nous connaissons cette méthode, nous la pratiquons, et comme tu dis, Emmanuelle, nous pouvons en témoigner.

La discipline centrale pour moi, discipline que l'immense majorité des musulmans ignorent, c'est l'histoire de la pensée. Parce que l'islam n'a pas toujours été, et heureusement, un porteur de violence ou de « séparatisme ». Bien au contraire. Il a existé un islam des Lumières, source de grandes richesses, sur lequel la renaissance chrétienne et européenne s'est construite. Mais combien de musulmans connaissent cette période, sa richesse, sa diversité ? Bien sûr, aux pays englués dans les difficultés économiques et les drames du sous-développement, l'étude des questions liées à l'histoire de la pensée musulmane paraît franchement secondaire. Le monde musulman est tombé dans un vécu religieux beaucoup plus superstitieux que savant. Les enseignements religieux et théologiques sont généralement très orientés par des choix politiques, et donc très fermés. L'État dans ces pays-là, n'étant pas laïque, incarne une autorité religieuse, appuyée sur une doctrine restrictive définie par le pouvoir politique lui-même, qui ruisselle jusqu'à la base des fidèles, et limite le spectre du savoir et de la connaissance. À moins d'être une personne très curieuse et d'aller chercher soi-même de nouvelles perspectives, la lecture de l'islam dont on hérite est extrêmement fermée. L'effet particulièrement pervers de cette mécanique, c'est que les fidèles perdent le goût de l'effort. Le prêt-à-penser qui s'est mis en place a rendu les populations passives, bercées par des schémas délétères qui consistent à se dire : « Moi, de toute façon je n'y connais rien, je me déresponsabilise complètement, et quand j'ai un problème je vais poser la question à l'imam de la mosquée d'à côté. » Imam dont rien ne garantit qu'il connaisse la diversité de la pensée musulmane. Pour tout ce que je viens de décrire, la recontextualisation, notamment des versets qui abordent les questions de guerre ou de violence, est absolument nécessaire.

FLORIANE : J'aime bien la comparaison avec la « notice du lave-linge ». Je comprends ce désir de rechercher un mode d'emploi de la vie, elle est tellement complexe ! Mais notre recherche de sécurité justifie-t-elle l'abandon de notre liberté ? Nos visions se rejoignent, et je pense que nous partageons également une question difficile : comment faire pour que l'approche historico-critique soit accessible et admissible ? L'approche critique n'est pas très compliquée à comprendre. Mais les gens ont besoin de rêver et d'espérer, pas seulement de comprendre et de réfléchir. Une question que l'on peut reformuler ainsi : quelle est la meilleure histoire ? L'approche historico-critique engendre-t-elle la même puissance narrative que les autres lectures ? Parce que l'histoire de « Dieu qui donne la Torah au mont Sinaï, le peuple qui accepte l'alliance, le tonnerre, les éclairs », c'est quand même très fort ! C'est poignant, on entre dans l'histoire. Et pourtant, la suite du récit nous oblige à prendre du recul ; les Hébreux eux-mêmes n'ont pas réellement adhéré à leur propre histoire, on les retrouve quelques instants après en train de se créer un veau d'or, une divinité alternative. La stratégie « grand spectacle son et lumière » a échoué. En d'autres termes, on est en droit de se demander s'il n'y a pas eu quelques ratés dans l'opération marketing. En tout cas, Moïse, découvrant l'idole créée en son absence, brise les Tables de la Loi. Moïse « laisse tomber » la Parole divine au sens propre. On voit que déjà dans le récit biblique la Parole divine ne suffit pas, elle est contestée, destructible. Moïse remontera sur le mont Sinaï pour réécrire les Dix Paroles. La parole divine aura alors été redonnée. D'une certaine façon, la Torah elle-même introduit la difficulté d'accepter la version romanesque du don de la Torah. Je me sens très proche de Yeshayahou Leibowitz qui l'exprime d'une façon percutante : « La fidélité est une obligation… Il n'y a pas d'inspiration. La révélation au mont Sinaï a été un échec absolu… D'après le récit qu'en fait la Bible, les personnes qui ont été témoins de cette révélation ne l'ont pas crue. Ils ont fait le veau d'or… Pour de nombreuses générations ils ont servi des idoles, Baal, Astarté et Moloch[1]. »

Se demander si l'histoire que l'on raconte est une bonne histoire, c'est important. Moi je trouve nos deux histoires excellentes, autant l'histoire mythologique que les faits historiques. Le sujet de base – la sortie d'Égypte – est formidable et il faut le raconter tel quel lorsqu'on veut rêver ou s'en inspirer ; mais l'histoire des historiens est aussi forte et aussi miraculeuse, selon moi. Nous parlons d'un groupe de tribus qui réussissent à unifier leur récit de la Création et la mythologie de leur sortie d'Égypte, pour en faire un texte commun qui existe toujours trois mille cinq cents ans après. Pour moi, c'est une histoire extraordinaire. D'ailleurs, je pense qu'elle relève du miracle – d'autant plus qu'on dit toujours : « Deux juifs, trois opinions. » (Rires.) Le fait d'avoir décidé tous ensemble qu'on se raconterait chaque année à la même date cet épisode traditionnel de la sortie d'Égypte est en soi une excellente histoire, peut-être aussi bonne que la sortie d'Égypte elle-même. L'approche critique des textes dispose donc d'un véritable potentiel narratif pour transmettre une histoire enthousiasmante, rassurante et inspirante. Dans un livre qui s'appelle *Le Messie récalcitrant*[2], écrit par Richard Bach, on lit cette phrase – la dernière : « Tout peut être faux. » L'auteur dit : tout ce que j'ai écrit dans ce livre peut être faux. L'un de mes enseignants au séminaire rabbinique aimait souligner que la première

---

1. Joshua O. Haberman (dir.),*The God I Believe In*, The Free Press, 1994.

2. Flammarion, 1978.

phrase de la Torah écrite n'est pas : « Tout ce qui est écrit là est historiquement vrai. » C'est vrai, si on veut, à un certain niveau, mais pas nécessairement sur le plan historique.

Comment rendre abordable l'approche critique des textes ? Lorsque j'en parle à la synagogue, je dis toujours : « La sortie d'Égypte, si elle a existé historiquement... » J'introduis la possibilité que cette histoire soit une fiction. Ensuite je précise : « On peut tout à fait s'immerger dans l'histoire de la sortie d'Égypte en considérant qu'elle a existé, c'est légitime. Sinon, il y a d'autres façons de s'y rattacher : émotionnelle, spirituelle. » Cependant, Edmond Fleg disait déjà en 1928 : « Je suis juif, parce que la foi d'Israël n'exige de mon esprit aucune abdication. » Il y a un engagement vis-à-vis de la vérité.

> Je suis juif, parce que, né d'Israël, et l'ayant perdu, je l'ai senti revivre en moi, plus vivant que moi-même.
>
> Je suis juif, parce que, né d'Israël, et l'ayant retrouvé, je veux qu'il vive après moi, plus vivant qu'en moi-même.
>
> Je suis juif, parce que la foi d'Israël n'exige de mon esprit aucune abdication.
>
> Je suis juif, parce que la foi d'Israël réclame de mon cœur toutes les abnégations.
>
> Je suis juif, parce qu'en tous lieux où pleure une souffrance, le juif pleure.
>
> Je suis juif, parce qu'en tous temps où crie une désespérance, le juif espère.
>
> Je suis juif, parce que la parole d'Israël est la plus ancienne et la plus nouvelle.

Je suis juif, parce que la promesse d'Israël est la promesse universelle.

Je suis juif, parce que, pour Israël, le monde n'est pas achevé : les hommes l'achèvent.

Je suis juif, parce que, pour Israël, l'Homme n'est pas créé : les hommes le créent.

Je suis juif, parce qu'au-dessus des nations et d'Israël, Israël place l'Homme et son Unité.

Je suis juif, parce qu'au-dessus de l'Homme, image de la divine Unité, Israël place l'Unité divine, et sa divinité[3].

EMMANUELLE : Je te rejoins complètement sur le fond, mais pour certains, et j'en ai fait l'expérience, entendre « cette histoire, si elle a existé » est déjà beaucoup trop violent. Un jour, j'ai dit à propos d'un texte du Pentateuque : « Ce texte a été écrit à la période exilique, et voici les manuscrits que l'on a retrouvés… » À ce moment-là un des membres du groupe d'étude m'interrompt : « Mais ce n'est pas possible, puisque c'est Moïse qui l'a écrit. » Pour cette personne, l'approche historique était inentendable. Depuis, je préfère poser une question plus ouverte : « Qu'est-ce que cette histoire veut nous dire ? » Qu'elle ait existé ou pas, chacun tire les conclusions pour lui-même.

KAHINA : En effet, il ne faut pas tomber dans l'excès inverse. C'est une dérive qui existe au sein de la recherche

---

3. Edmond Fleg, *Pourquoi je suis juif*, Éditions de France, 1928 ; rééd. Les Belles Lettres, 1995.

universitaire. Les positivistes, par exemple, vont essayer de tout démonter. Ils en ont tout à fait le droit. Mais si cette vision s'était imposée à moi, je n'aurais pas choisi d'être imame. Je n'aurais pas choisi une voie confessante. Si je ne croyais en rien, je serais devenue athée, et j'aurais étudié les textes en ne me posant qu'une seule question : est-ce que l'on peut vraiment prouver tel ou tel fait ? En réalité, ce qui m'intéresse dans l'approche historico-critique, c'est la distance que l'on met entre ce texte et ce que la pensée des hommes en a fait au cours des siècles, dans le but de retrouver le sens général. La vision globale, si on commençait par là, ce serait déjà formidable dans le cas du Coran, parce qu'il y a des versets qui se parlent entre eux. Un verset qui dit une chose, et un autre qui dit exactement l'inverse. Mais qu'est-ce que je fais de tout ça ? Quelle sagesse je peux en tirer ?

FLORIANE : Je suis d'accord. Toute l'idée, justement, c'est de ne pas mettre face à face, sur un même pied d'égalité, la sagesse dont tu parles, ce qu'on pourrait appeler la vérité biblique, et la vérité historique. Elles ne sont pas au même niveau.

KAHINA : Voilà. C'est ça.

EMMANUELLE : C'est parfois important de rappeler des évidences. Mais la Bible ne tombe pas du ciel aujourd'hui sur mon bureau. On ne peut pas en avoir une compréhension instantanée, immédiate et complète, parce qu'elle a une épaisseur historique qui nécessite des recherches, des explications. Bien des textes de la Bible sont tout à fait hermétiques pour moi, même après trente ans d'étude ! Ils ont été écrits à des époques différentes, il y a bien longtemps, dans des contextes sociaux, culturels, politiques, qui sont d'ailleurs parfois difficiles à reconstituer. Ils sont de natures différentes : on trouve des poèmes, des textes de loi, des récits épiques, des proverbes, des généalogies. Les textes ont fait l'objet de modifications, de réécritures, de recomposition, dont ils portent des traces, par exemple des mots appartenant à différentes époques de la langue. Puis ces textes divers ont été rassemblés. Un tri a été effectué, les livres ont été mis dans un certain ordre, et cette bibliothèque qu'on appelle la Bible a été « close ». Ensuite les textes, écrits certains en hébreu, d'autres en grec, ont été traduits dans la langue du lecteur. Lire la Bible signifie donc s'aventurer dans un monde complexe. Je peux lire un « morceau » de texte et voir « ce que ça me fait ». C'est une possibilité. Je peux aussi regarder comment ce « morceau choisi » est en lien avec ce qui précède et ce qui suit. Ou comment cet extrait entre en résonance avec des textes semblables à travers la Bible. Je prends par exemple un récit dans un évangile et j'observe comment le même passage est raconté dans un autre évangile. Quel sens prend-il ? On peut aussi chercher pour qui et pour quoi ce texte a été écrit, quelle était son intention, quel était le message adressé à son premier interlocuteur. On peut aussi faire une analyse de la manière dont le texte est rédigé et de ce qu'il signifie en lui-même. Je m'arrête là dans l'énumération fastidieuse des différentes manières d'aborder un texte parce que je ne voudrais pas endormir tout le monde.

Avec un peu de chance et beaucoup de travail, chaque approche du texte fera ressortir un sens particulier, différent. Est-ce que cela signifie qu'un seul de ces sens est « le vrai sens » et que les autres sont faux ? Bien au contraire ! Dans leur multiplicité, les sens se complètent, s'interpellent, s'éclairent les uns les autres. Certaines interprétations peuvent être contestées au fil des siècles, ne plus être soutenables. D'autres se développent grâce aux découvertes scientifiques, que ce soit en archéologie, en histoire, en psychologie... Par exemple, la lecture psychanalytique de la Bible a profondément renouvelé la compréhension de certains textes.

Je me souviens d'une repartie d'un de mes fils, à l'âge de six ans. J'avais invité à la maison une personne de l'Église. Mon fils, tout fier, lui montre ses dinosaures. Mon invitée lui dit : « Mais comment ça, tu ne crois pas que Dieu a créé le monde en six jours ? Les dinosaures n'existent pas. Ils ne sont pas dans la Bible. » Et mon fils lui répond avec aplomb : « Je crois les deux. » Il avait parfaitement raison. Il y a un savoir scientifique d'un côté et de l'autre un texte symbolique qui donne du sens au monde. Les sens sont complémentaires.

FLORIANE : En effet, ton fils avait parfaitement raison. Et c'est pourquoi je tiens à verbaliser les choses. Qu'on le veuille ou non, on est confronté au fait que, d'un point de vue historique, il paraît hautement improbable que 600 000 hommes, et 600 000 femmes, accompagnés de leurs aînés et de leurs enfants, soient sortis d'Égypte sans laisser la moindre trace archéologique. C'est aussi une question d'honnêteté intellectuelle, parce qu'il ne faut pas oublier que, dans certaines régions du globe, l'approche scientifique, la biologie et la physique sont menacées par des mouvements créationnistes radicaux capables de piocher les éléments qui les arrangent dans nos traditions. Je crois que c'est important aussi de se positionner par rapport à ce phénomène. Mon approche critique est la suivante : Ce que Moïse a dit est historiquement improuvable. De plus, en l'état actuel de la science, il est difficilement défendable que la sortie d'Égypte ait existé. D'un autre côté, les personnes qui veulent croire à ce récit doivent être respectées même si certains esprits restent convaincus du contraire. Maintenant, passons à l'essentiel : que voulons-nous apprendre de cette histoire ?

Le psychologue américain Bruno Bettelheim, dans *Psychanalyse des contes de fées*[4], souligne que la force des contes ne tient pas à leur véracité ou à leur vraisemblance, mais au fait qu'ils abordent des questions existentielles qui nous touchent. De la même façon, la réalité historique des événements bibliques a peu à voir avec leur force pédagogique et sociale.

> L'enfant a besoin de comprendre ce qui se passe dans son être conscient et, grâce à cela, de faire face également à ce qui se passe dans son inconscient. Il peut acquérir cette compréhension (qui l'aidera à lutter contre ses difficultés) non pas en apprenant

---

4. Robert Laffont, 1976 ; p. 21 pour l'extrait qui suit.

> rationnellement la nature et le contenu de l'inconscient, mais en se familiarisant avec lui, en brodant des rêves éveillés, en élaborant et en ruminant des fantasmes issus de certains éléments du conte qui correspondent aux pressions de son inconscient.

Lorsque nous interprétons les textes, en particulier l'épopée de la sortie d'Égypte, nous les décortiquons pour en atteindre le sens, ce qui est complémentaire de l'expérience de lecture simple qui consiste à vivre le plaisir de l'histoire. Ce deuxième exercice, nous le pratiquons le soir de Pessah, en suivant le récit de la Hagada. Les deux pratiques, l'étude-explication et le rite-récit naïf, se complètent et sont aussi importantes l'une que l'autre.

> Il est aussi important, pour le bien-être de l'enfant, qu'il sente que ses parents partagent ses émotions en prenant plaisir au même conte, que de savoir qu'ils ignoreront ses pensées les plus intimes jusqu'au moment où il aura décidé de les révéler[5].

La pratique et la foi naïve, c'est le plaisir partagé du conte ; l'étude de la Torah et l'approche historico-critique, c'est le partage des interprétations

KAHINA : Il faut absolument que les musulmans prennent conscience de la sédimentation des interprétations et de

---

5. *Ibid.*, p. 36.

l'herméneutique au fil des siècles. Des couches et des couches de pensée empilées les unes sur les autres avec le temps sont devenues très hermétiques, si bien que plus personne ne s'autorise à les percer pour retourner à la source. Ces strates sont devenues sacrées à la place du véritable texte sacré. Le résultat, c'est qu'aujourd'hui on se retrouve face à des croyants qui affirment par exemple que le voile est le sixième pilier de l'islam. D'autres encore pérorent pendant des heures sur les quatre grandes écoles du droit musulman sunnite, fondées je le rappelle entre le VIIIe et le IXe siècle, et vont vous affirmer : « L'imam Malik[6] a dit ceci, l'école malékite nous dit cela, c'est sacré. » Navrée, mais je ne vois pas ce qu'il y a de sacré. L'imam Malik est un homme qui a fait l'effort de lire les textes avec les lunettes de son temps. Pour quelle raison je serais obligée, moi, de chausser les mêmes lunettes, et de vivre selon une interprétation qui correspondait à la société du VIIIe siècle ? Malik était certainement un homme estimable, j'ai énormément de respect pour tous ces jurisconsultes, ces grands savants qui ont produit de la pensée. Mais pourquoi serions-nous incapables de faire la même chose aujourd'hui ? Il faut arrêter avec cette sacralisation des lectures passées qui nous empêchent d'avancer. Et l'approche historico-critique est sans aucun doute le meilleur outil pour engager ce travail. Elle permet d'observer l'empilement de pensées. Un peu comme les forages de carottes glacières qui montrent toutes les couches successives de sédiments. Les commentaires

---

6. Mâlik Ibn Anas (708-796) : son enseignement constitue le fondement juridique et dogmatique de l'école de jurisprudence malékite.

des textes faits par le passé ne doivent pas étouffer une pensée contemporaine. Il est important de s'en inspirer tout en essayant de les recontextualiser.

FLORIANE: Merci, Kahina, pour cette explication très claire sur l'importance de l'histoire de la pensée. Lorsqu'on pose la question: faut-il accepter telle quelle la vision des anciens?, on peut adopter deux attitudes. La première consiste à dire que plus le temps passe, plus on s'éloigne de la tradition initiale, moins on a de légitimité à l'interpréter. Dans cette optique, les générations antérieures ont toujours raison. La deuxième, venue du monde chrétien, reprise ensuite au XIIIe siècle par le rabbin italien Tossefot Harid, considère que nous sommes «comme des nains juchés sur des épaules de géants», expression tellement bien imagée par Jean-Claude Ameisen[7]: «Se tenir sur les épaules des géants et voir plus loin. Voir dans l'invisible, à travers l'espace et à travers le temps.» L'idée est de garder une posture d'humilité – nous ne sommes que des nains –, mais une posture de liberté – en additionnant notre humble hauteur de vue à la leur, nous pouvons voir encore plus loin. Selon cette approche, les dernières générations ont l'avantage. Le Deutéronome et le Talmud Roch Hachana soutiennent cette vision et enseignent qu'il ne faut pas invalider une personne sur l'allégation qu'elle est moins qualifiée que ses prédécesseurs: chaque personne doit prendre les décisions relatives à son temps, sans être liée par l'enseignement des anciens.

7. *Sur les épaules de Darwin* (3 vol.), Les liens qui libèrent, 2012-2014.

Au sujet du tribunal rabbinique, le Deutéronome nous dit : « Si tu n'arrives pas à trancher sur un cas, va voir le juge de ton époque. Tu iras trouver les pontifes, descendants de Lévi, ou le juge qui siégera à cette époque, tu les consulteras, et ils t'éclaireront sur le jugement à prononcer » (Dt 17:9).

Rachi commente ce verset ainsi : « Même s'il n'est pas dans la même ligue que les juges qui l'ont précédé, il faut l'écouter, tu n'as pas d'autre juge que celui de ton époque. »

> Les sages ont enseigné : pourquoi le nom de ces anciens n'a pas été donné ? Pour qu'on ne dise pas « est-ce qu'untel est comme Moïse et Aaron ? », « est-ce qu'untel est comme Nadav et Aviou, untel comme Eldad et Médad ? »... C'est pour t'enseigner que Jérubaal à sa génération est comme Moïse dans sa génération, Dan dans sa génération est comme Aharon dans sa génération, Jéfté dans sa génération est comme Samuel dans sa génération, que même le plus insignifiant des insignifiants qui serait nommé responsable sur le public est comme le plus noble des nobles (Talmud Roch Hachana 25b).

Dans la mesure où il est matériellement impossible de s'adresser à un juge d'une époque antérieure, pourquoi la Torah précise-t-elle « le juge de ton époque » ? Cela paraît un peu absurde, mais c'est justement pour éviter cette tendance au « c'était mieux avant, voilà comme ils faisaient à l'époque, il nous suffit d'appliquer comme une notice ce qui a été dit précédemment ». Dans le cas contraire, nous ne servirions qu'à reproduire ce qui existe, et notre existence deviendrait plus robotique qu'humaine, l'image du divin en nous serait effacée. Vous remarquerez que ces différentes manières d'appréhender le passé sont toutes très antérieures à l'approche historico-critique qui, elle, est apparue dans l'Occident du XIXe siècle avec le développement des sciences sociales, de l'histoire, etc.

Il existe une troisième approche qui découle de ce que disent les Pirkei Avot que j'ai déjà cités : « Fais-toi un rabbin et acquiers-toi un compagnon d'étude. » Les gens sont responsables du choix des personnes qui vont guider leur pensée, que leur vision soit à court ou long terme, ouverte ou fermée. Autrement dit, chaque génération est responsable des décisionnaires qu'elle se donne.

KAHINA : Le problème, c'est que l'approche historico-critique demande un certain engagement. Une personne qui prend le Coran pour une notice depuis des années ne va pas du jour au lendemain adopter une lecture historico-critique des textes. Il faut commencer par apprendre la langue. Il y a énormément de gens, en France, qui ne parlent pas un mot d'arabe et qui affirment tout un tas de choses à propos de l'islam et du Coran, reprenant généralement des bouts de phrases sortis de la bouche de tel ou tel savant. Il faut donc apprendre l'arabe et cela peut demander plusieurs années. Ensuite il faut se plonger dans l'histoire de la pensée musulmane, entrer dans la philosophie, la théologie, la mystique qui ont forgé cette tradition. Un travail de fourmi sur lequel on peut passer des nuits et des jours, pendant des mois et des mois, à ne rien comprendre, à se faire des nœuds au cerveau. C'est beaucoup plus simple de boire les paroles du penseur autoproclamé rencontré à la mosquée du coin. D'une manière générale, il me semble que le monde d'aujourd'hui a horreur de la complexité, et que c'est encore pire chez les musulmans. L'autre jour, un imam que je connais bien m'explique qu'il essaie toujours de répondre aux questions des fidèles en prenant soin de donner les positions de plusieurs imams, du plus orthodoxe au plus libéral. N'empêche que certains mécontents lui réclament systématiquement un avis tranché. « Oui, mais moi, maintenant, qu'est-ce que je fais ? » s'agacent-ils. Ces fidèles-là veulent du prêt-à-penser, prêt-à-appliquer. Rien de plus. C'est la raison pour laquelle les mouvements fondamentalistes fonctionnent si bien. Ils ont compris la recette, une petite vidéo bien troussée, avec la musique appropriée, quelques symboles piochés par-ci, par-là : le paradis, les soixante-douze vierges !

EMMANUELLE : Je comprends très bien la frustration que tu exprimes. Mais j'ai l'impression que ce que tu décris n'est pas propre à notre génération. Je me demande même si ce n'est pas un problème que l'on retrouve à chaque époque. Prenons l'exemple des Hébreux : après leur refus d'entrer en terre de Canaan, ils errent pendant quarante ans sur une zone désertique que l'on traverse normalement en trois jours. Au bout d'un certain temps, ils sont gagnés par la lassitude. Et ils envisagent même de retourner à leur vie d'esclaves en Égypte, parce qu'ils se souviennent des bons plats de lentilles…

FLORIANE : Des concombres surtout…

EMMANUELLE : Et des concombres, oui. (Rires.) Ils envisagent de retourner en Égypte parce que l'esclavage, obéir sans se poser de questions, c'est beaucoup plus simple. La liberté, c'est compliqué, ça demande quantité d'efforts…

KAHINA : Et c'est une grande responsabilité.

EMMANUELLE : Cela vaut évidemment pour l'analyse des textes fondamentaux. J'aimerais d'ailleurs donner un dernier exemple qui rejoint la problématique sur la place des femmes dans nos traditions. J'ai déjà parlé des femmes devant le tombeau du Christ, premiers témoins de la résurrection, sans qui le christianisme n'existerait pas. Mais, parfois, les femmes se glissent dans le texte biblique, à des endroits tout à fait inhabituels. C'est le cas dans l'évangile de Matthieu, qui s'ouvre sur la généalogie de Jésus. Quoi de plus rébarbatif qu'une généalogie ? Jugez-en plutôt :

1 Généalogie de Jésus-Christ, fils de David,
fils d'Abraham. 2 Abraham engendra Isaac ; Isaac
engendra Jacob ; Jacob engendra Juda et ses frères ;
3 Juda, avec Tamar, engendra Pharès et Zara ; Pharès
engendra Hesrom ; Hesrom engendra Aram ; 4 Aram
engendra Aminadab ; Aminadab engendra Naassôn ;
Naassôn engendra Salmôn ; 5 Salmôn, avec Rahab,
engendra Boes ; Boes, avec Ruth, engendra Yobed ;
6 Yobed engendra Jessé ; Jessé engendra David. Le
roi David, avec la femme d'Urie, engendra Salomon ;

> 7 Salomon engendra Roboam ; Roboam engendra
> Abiya ; Abiya engendra Asaph ; 8 Asaph engendra
> Josaphat ; Josaphat engendra Joram ; Joram engendra
> Ozias ; 9 Ozias engendra Joatham ; Joatham engen-
> dra Achaz ; Achaz engendra Ézéchias ; 10 Ézéchias
> engendra Manassé ; Manassé engendra Amos ; Amos
> engendra Josias ; 11 Josias engendra Jékonia et ses
> frères au temps de l'exil à Babylone. 12 Après l'exil
> à Babylone, Jékonia engendra Salathiel ; Salathiel
> engendra Zorobabel ; 13 Zorobabel engendra
> Abioud ; Abioud engendra Éliakim ; Éliakim engen-
> dra Azor ; 14 Azor engendra Sadok ; Sadok engendra
> Akhim ; Akhim engendra Élioud ; 15 Élioud engendra
> Éléazar ; Éléazar engendra Matthan ; Matthan engen-
> dra Jacob ; 16 Jacob engendra Joseph, l'époux de
> Marie, de laquelle est né Jésus, celui qu'on appelle
> le Christ (Mt 1,1-16).

Il faut avouer que la lecture est assez fastidieuse et, de prime abord, tout à fait inintéressante. Pourtant, dans ces versets, il y a cinq grains de sable, quatre prénoms de femmes qui n'ont rien à faire là : Tamar au verset 3, Rahab et Ruth au verset 5, Marie au verset 16, bien sûr, et encore une autre femme dont on ne donne pas le nom, qui est appelée « la femme d'Urie », au verset 6. En principe, une généalogie biblique ne comporte que les noms des hommes. D'ailleurs l'évangile de Luc transmet une autre généalogie de Jésus, et celle-là sans femmes !

Si le lecteur s'arrête quelques instants sur ces femmes, il découvre des histoires étranges, voire scandaleuses.

Tamar (Gn 38,29-30) doit ruser et se déguiser en prostituée pour que son beau-père agisse de manière juste avec elle. Rahab (Jos 2,6), elle, est une prostituée « professionnelle » à Jéricho. Ruth est une femme étrangère qui choisit de suivre sa belle-mère Noémie en Israël après la mort de leurs maris respectifs. La femme d'Urie est bien plus qu'un grain de sable. L'histoire de cette femme, Bethsabée (2 S 11,12) n'est pas glorieuse pour le grand roi David. Ce dernier a abusé de son pouvoir pour prendre cette femme et faire tuer son époux. Marie mise à part, les quatre autres femmes de cette généalogie ont eu une vie scandaleuse, ou sont étrangères au peuple d'Israël.

Dans les histoires de famille, il est fréquent qu'on passe sous silence celles et ceux qui ont mené une vie inconvenante. Dans l'évangile de Matthieu, c'est comme si le rédacteur prenait un malin plaisir à introduire justement des femmes qui ont dû user de ruse pour survivre malgré l'injustice des hommes. Dès son premier chapitre, donc, Matthieu donne le ton : la Bonne Nouvelle est pour toutes et tous, et aussi pour celles qui ont une vie tortueuse. Voilà à mes yeux un exemple qui illustre à merveille ce qu'un lecteur peut découvrir en prenant le temps d'éplucher un texte. Il pourra ensuite méditer longtemps sur les grains de sable généalogiques que sont ces femmes.

FLORIANE : Merci, Emmanuelle, pour ces beaux noms de femmes, leur personnalité et leur courage sont tellement inspirants. En ce qui concerne la tradition juive, il me semble que le meilleur plaidoyer pour la lecture historico-critique nous vient directement de la Torah, dans laquelle on trouve deux versions différentes des Dix Commandements. En langage historico-critique, on peut dire que le rédacteur de la Torah tenait à ce que nous gardions un esprit critique. Dans une vision littérale, on pourrait même s'interroger avec humour : la divinité aurait-elle fait sa propre approche critique ?

Jour 7

Qu'entendez-vous par « sacré » ? Le mot revient souvent et peut prêter à confusion. Qu'est-ce qui est sacré pour vous ?

FLORIANE : Ah, « sacré », un mot mis à toutes les sauces ! Le « sacré » dont nous serions les expertes… C'est paradoxal parce qu'en réalité, c'est la seule question à laquelle je pourrais répondre en deux mots : ce qui est « sacré », c'est la liberté et la responsabilité ! (Rires.)

EMMANUELLE : Ah non ! Tu ne peux pas me piquer mes mots ! (Rires.)

FLORIANE : Bon, je vais essayer de développer mon raisonnement et tu me diras si tu veux bien me les prêter ! Nous sommes « sacré·es », je l'ai déjà dit, et dans la Bible ce terme se rattache au fait que nous sommes « créé·es à l'image de Dieu », selon l'expression de la Genèse. Donc, comme lui, nous sommes sacré·es parce que nous sommes créateurs et créatrices, nous sommes indéfinissables, nous nous redéfinissons sans cesse. Nous sommes capables de faire de notre mieux, et parfois mieux que notre mieux. Cette logique vaut pour l'individu et plus encore pour le collectif: Nous avons un devoir de nous organiser sur le plan politique d'une façon qui fasse honneur à la dignité et au pouvoir créatif de chacun et chacune. Donc ce qui est sacré, c'est ce qui advient lorsque nous sommes ensemble, qui nous donne ce sentiment de grandeur commune que l'on peut ressentir dans certains moments de vie, le sentiment de nous surpasser et de participer à une aventure qui nous transcende. Ce qui est sacré, c'est ce qui naît à l'intérieur de nous et entre nous lorsqu'on consacre toute notre énergie à ce qu'il y a de mieux.

En hébreu, pour parler de cette notion, on utilise le mot *kadoch*, que l'on traduit par « sacré », « saint » ou « séparé ». Kadoch, c'est la base même du monothéisme juif parce que la divinité est kadoch, elle est « séparée ». En d'autres termes, le divin s'autorise à être entièrement lui-même sans être influencé par qui ou quoi que ce soit. Cette fidélité à soi-même n'empêche pas le divin de se poser des questions ou d'interroger ses partenaires, et de la même façon, nous sommes encouragés à rester ouverts aux autres. Le divin, c'est la liberté. Pour cette raison, dans le Chema Israël, ou dans les Dix Paroles, on ne dit pas « Je serai pour vous Élohim » (Je serai votre Dieu) mais « Je serai pour vous *lé*-Élohim » (Je serai *comme* un Dieu). Pour ma part, je comprends : « Si vraiment vous voulez un Dieu, alors prenez-moi, je ferai le job ! Ce sera toujours moins grave que de l'idolâtrie pure. Mais en réalité, je suis tout autre chose, je suis différent de tout ce que vous connaissez, séparé, inaltérable, irréductible ». Donc, on dit : « Soyez kadoch car je suis kadoch, moi l'Éternel » (Lev. 19:2), autrement dit :

soyez irréductibles, séparés, invincibles, résistez toujours et encore, comme le célèbre village gaulois. Autorisez-vous à être vous-mêmes en vous détachant au maximum de tous les préjugés, de toutes les acculturations possibles, de même que de mon côté je ne suis pas non plus un « dieu conventionnel ». Tous et toutes nous sommes différent·es et pour cela important·es, et nos vies sont irremplaçables, comme on le dit dans la Michna. D'où l'importance, dans le judaïsme, de ce qui marque la « séparation », par exemple le chabbat, séparé des autres jours. Dans l'Amida, la prière du matin, on fait trois pas en arrière puis trois pas en avant, cela pour se « séparer » du quotidien et entrer dans un espace déconnecté de toute influence. À la fin, on recommence cette petite chorégraphie et on retourne dans le quotidien. Ces allers-retours servent à ressentir le « séparé », le kadoch.

> C'est ce que nous trouvons à propos de Caïn qui a tué son frère comme il est dit (Gn 4:10) : « Les sangs de ton frère crient. » Il ne dit pas le sang de ton frère, mais les sangs de ton frère, son sang et celui de sa descendance, de ses futurs enfants [...] C'est pour cette raison que l'être humain Adam a été créé unique, pour t'enseigner que toute personne qui détruit une personne, l'écrit le considère comme si elle avait en fait détruit le monde entier, et toute personne qui permet à une personne d'exister, l'écrit le considère comme si elle avait fait exister un monde entier. Et aussi pour la paix entre les personnes ; pour que quelqu'un ne dise pas à son prochain : « Papa est le plus fort (papa est plus grand que ton père) » [...] et

> pour dire la grandeur du Saint, il est une bénédiction, car l'être humain fait plusieurs pièces dans un seul moule et toutes se ressemblent, mais le roi qui est le roi de tous les rois, le spécial, il est une bénédiction, a fait tous les êtres humains dans le moule du premier être, Adam, et pas un ne ressemble à son ami. Pour cette raison, chacun doit dire : « Le monde a été créé pour moi » (Michna Sanhedrin 4:5).

Je fais une parenthèse historique pour remettre les choses dans leur contexte. Le kadosh a eu une importance capitale dans le monde antique, parce que l'idée était de séparer les Hébreux de la conception idolâtre du divin, et en particulier des sacrifices humains. C'est la raison pour laquelle la Torah écrite est très dure avec tout ce qui relève de l'idolâtrie. Ce n'est pas un désaveu de toutes les autres traditions ou spiritualités, l'idée n'était pas de dire que tout est mauvais sauf nous. Par contre, c'est une condamnation sans appel de ce qui se fait à l'époque au nom d'un sacré incluant l'infanticide. *Non*, ne faites pas de sacrifices humains. *Non,* ne consultez pas les oracles. Et donc *non*, ne prenez pas la nature pour une divinité, n'adhérez pas à une conception du divin organisée autour de plusieurs dieux. Le polythéisme devient problématique lorsqu'il y a le dieu des riches et le dieu des pauvres. Lorsqu'on est riche, on prie le dieu des riches pour qu'il y ait moins d'impôts, et quand on est pauvre on prie le dieu des pauvres pour qu'il y ait plus de solidarité. Le monothéisme, c'est l'invitation à réfléchir de façon globale sur ce qui conviendrait à tout le monde, sur l'intérêt collectif, sur ce qui est juste, sur ce qui respecte toutes les dignités humaines rassemblées. Dans un monde antique marqué par une pensée et des pratiques polythéistes, il est difficile de s'en distancier, d'où l'insistance de la Bible.

Pour finir sur la conception juive du kadoch dans le monde moderne, si le principe est d'être « séparé », il ne faut pas que j'absorbe la publicité vulgaire qui essaie de me faire acheter un 4 × 4. Mon objectif, c'est de ne pas me laisser influencer, de ne pas intérioriser des critères esthétiques dans le but d'acquérir une supposée légitimité dans le regard des autres. Comme le disent les Pirkei Avot, c'est cela la sagesse, la richesse et la force de caractère.

> Ben Zoma dit : qui est le sage ? celui qui apprend de toute personne comme il est dit (Ps. 119:99) : « De tous mes enseignants j'ai appris car tes témoignages sont mon sujet de discussion » ; qui est le fort ? celui qui conquiert ses pulsions comme il est dit (Pr. 16:32) : La longueur de caractère et le triomphe sur son esprit est meilleur que la conquête d'une ville » ; qui est le riche ? celui qui est heureux de sa part comme il est dit (Ps. 128:2) : « Oui, le produit de ton travail, tu le mangeras, tu seras heureux, ce sera bien pour toi. » Tu seras heureux : dans ce monde, ce sera bien pour toi : pour le monde futur. Qui est le respecté ? celui qui respecte les créatures, comme il est dit (1 Sam. 2:30) : « car je respecterai celui qui me respecte et je mépriserai celui qui m'insulte » (Michna Avot 4:1).

Et de la même façon, je ne veux pas m'habituer à voir une personne à la rue. Je veux être « consciente », je veux

« résister », je veux être « séparée », « libre ». Voilà ce que je mets derrière le mot « sacré ».

EMMANUELLE : J'allais dire « amen ». (Rires.) Je pourrais signer en bas de ce que tu viens d'exprimer sans rien ajouter. Mais je vais quand même faire un petit effort et compléter ta démonstration par un coup de projecteur sur le sacré entendu comme quelque chose de très grave, pour quoi on est prêt à tuer. « Sacré » est un mot que je n'utilise jamais. Il ne fait pas sens pour moi. La Réforme protestante a été, comme on le dit souvent, une entreprise de « désacralisation du monde » ! En faisant du pasteur un homme – ou une femme – comme tout le monde, en faisant de l'Église une institution à réformer sans cesse, et en faisant du culte le lieu où l'écoute de la parole est centrale – et pas la célébration d'un sacrement –, le protestantisme a tenté de prendre ses distances avec toutes formes de sacré. Je dis bien « tenté », parce que finalement l'être humain se laisse toujours entraîner à nouveau vers la sacralisation des gens et des choses, et que chercher à déconstruire ce mécanisme est une œuvre de tous les jours. Il n'est pas rare que les pasteurs deviennent des « gens à part » (ce qui peut les valoriser), ou la Bible « un livre à vénérer » plutôt qu'à étudier. Refuser le sacré dans le sens : repousser tout ce qui pourrait être chargé d'un pouvoir quelconque prétendument donné par Dieu ; est une démarche protestante, toujours à reprendre.

Le mot « sacrement » n'est pas présent dans le Nouveau Testament. En protestantisme, on considère que le Baptême et la Cène sont les deux sacrements institués par le Christ. En effet, il a donné l'ordre de baptiser et de célébrer ce repas en mémoire de lui. Cet ordre s'appuie sur des éléments matériels : l'eau, le pain et le vin. Mais, à la différence du catholicisme, les protestants ne croient pas que le Baptême ou la Cène soient « efficaces » en eux-mêmes. Ils sont le signe matériel d'une grâce immatérielle. Reçus dans la foi, ces signes témoignent de l'amour de Dieu pour le croyant. Si on revient à la Bible, on constate que ce qui a été traduit par « sacré » dans certains passages est plus habituellement traduit par « saint » dans l'ensemble de la Bible. C'est le *kadosh* dont tu parlais à l'instant. Ou *hagios* en grec. Est saint ce qui est en lien avec Dieu, car Dieu seul est saint. Et comme tu l'as très bien expliqué, la traduction la plus proche en français est « séparation », ou « distance ». Dieu est au-delà de tout ce que je peux comprendre, imaginer, penser. Sa sainteté désigne cette distance infranchissable pour les humains. Dieu est inconnaissable. Mais Il Se rend proche par Sa Parole. Le premier texte biblique qui évoque cette notion de sainteté se trouve au Livre de l'Exode, chapitre 3. Pour situer le récit, Moïse, né parmi les Hébreux en Égypte, est adopté par la fille de Pharaon. Devenu adulte, il se rend compte de la situation de quasi-esclavage dans laquelle vivent les Hébreux, ses frères. Il tue un Égyptien qui frappait un Hébreu et doit fuir l'Égypte et la colère de Pharaon. Il est accueilli par les tribus nomades de Madiân. Un jour qu'il mène le troupeau jusqu'à l'Horeb (le mont Sinaï), Moïse voit un buisson « qui brûle sans se consumer ». Moïse est très intrigué par ce phénomène et décide de faire un détour pour voir « pourquoi le buisson ne brûle pas. » Dieu lui dit alors, du milieu du buisson : « Retire tes sandales car le lieu où tu te tiens est une terre sainte (Ex 3,5). » Va se nouer alors un long dialogue entre Dieu et Moïse à l'issue duquel Moïse acceptera – non sans avoir présenté de nombreuses résistances – de retourner en Égypte pour en faire sortir les Hébreux. Deux choses très importantes dans ce récit. Premièrement, le caractère saint de la terre découle de la présence de Dieu. Ce lieu est mis à part, à l'occasion de cette rencontre. Mais il ne l'est pas pour toujours. Il n'est pas marqué pour l'éternité. D'ailleurs Moïse n'y appose aucun signe, comme cela se fait dans d'autres récits, où l'homme construit un autel pour se souvenir du lieu de sa rencontre avec Dieu. De plus, le dialogue avec Dieu va se poursuivre tout au long de la vie de Moïse, sans qu'il soit plus nécessaire que Dieu le convoque en un lieu précis, à l'exception de l'épisode où Il lui donnera les Dix Paroles. Deuxièmement, et c'est sans doute le plus important, la « sainteté » du moment n'empêche pas que l'homme s'oppose, débatte, tente de refuser. Dieu ne réduit pas l'être humain dans sa liberté, Il ne le fait pas taire, même s'Il finit par avoir le dernier mot !

Par ailleurs, dans cette alliance entre Dieu et le peuple, la deuxième occurrence du mot « saint » est attribuée au peuple. Dieu dit : « Si vous entendez Ma voix et gardez mon alliance, vous serez Ma part personnelle [...] et vous serez pour moi un royaume de prêtres et une nation sainte (Ex 19,5-6). » Ici, comme tu le disais, Floriane, « saint » signifie « mis à part », « choisi au milieu des autres », consacré à Dieu par Dieu Lui-même. Ce choix, cette élection, s'opère « sans raison ». Elle n'est ni méritée ni justifiée. Mais elle implique une charge, une responsabilité, celle d'être à l'écoute de ce que Dieu demande, des termes de l'alliance, et de les respecter. L'élection, la « sainteté » n'est donc pas l'aboutissement, l'heureuse issue, la fin, mais le commencement, le début d'un chemin qui implique responsabilité, engagement et obéissance. Dans le Pentateuque, cet appel de Dieu qui revient comme un leitmotiv – « soyez saints car Je suis saint, Moi le Seigneur votre Dieu (Ex 22,30 ; Lv 11,44 ; 19,2) » – est lié à la mise en application des termes de l'alliance, des lois très précises qui concernent tous les aspects de la vie. Il s'agit là encore de « mise à distance », afin de préserver les humains de la violence, de la convoitise, de l'injustice, du malheur, de la mort. Par ailleurs, cet appel à la sainteté s'enracine dans le refus de l'idolâtrie. Rien n'est à idolâtrer, car Dieu seul est saint. Bien évidemment, l'écho de cet appel à la sainteté résonne dans le Nouveau Testament (1 P 1,15-16) : « Mais, de même que celui qui vous a appelés est saint, vous aussi devenez saints dans toute votre conduite, parce qu'il est écrit : soyez saints, car Je suis saint… » Ce n'est pas seulement au regard d'un comportement que les chrétiens sont appelés à être saints. Ils le sont par vocation. Ainsi Paul ouvre et conclut fréquemment ses courriers ainsi : « à tous les saints en Jésus-Christ qui sont à… » (Ph 1,1 ; Col 1,1[1]). Paul s'adresse ainsi à tous les membres de l'Église qui se réunissent dans une ville. Il n'est pas question ici de personnes particulièrement « saintes » par leur comportement, mais des hommes et des femmes qui se mettent à l'écoute de la Bonne Nouvelle de Jésus-Christ.

Si on me demandait : « Qu'est-ce ce qui est sacré dans ta religion ? », je répondrais spontanément : rien n'est sacré

1. « À tous les saints en Jésus-Christ qui sont à Philippes, avec leurs épiscopes et leurs diacres » ; « Aux saints de Colosses, frères fidèles en Christ… ».

et Dieu est saint, Il est inaccessible. Mais Il a dit: «Vous aussi, soyez saints, soyez mis à part.» Il nous a mis à part. Ça ne veut pas dire que nous sommes meilleurs. Ça ne veut pas dire que nous avons un «truc spécial». Ça veut simplement dire que nous avons une responsabilité particulière, celle d'être vraiment complètement humains, à l'image et à la ressemblance de Dieu: créateurs par nos paroles et nos actes, et responsables des créatures et de la Création.

Cet appel à la sainteté, de même que toi Floriane, je l'entends comme un appel à rester éveillée, à continuer d'être en colère quand je vois des hommes et des femmes dormir dans la rue. J'ai la responsabilité de continuer à être indignée quand je vois des femmes traitées comme des objets, quand l'être humain est détruit, avili, alors qu'il est à l'image de Dieu. Il est de ma responsabilité de lutter pour qu'il reste à l'image de Dieu. Notre particularité, en tant qu'êtres humains, pour Dieu, c'est de poursuivre l'œuvre de Sa Création.

FLORIANE: Absolument. J'adhère tout à fait à cet engagement social. Maïmonide va dans le même sens lorsqu'il compare le respect de Dieu et le respect de l'étranger. Le respect de l'autre, de sa vie, de sa liberté, est au cœur du sacré. Comme toi, je veux souligner qu'il est essentiel de protéger les personnes en danger. Je comprends aussi la distinction que tu fais entre «saint» et «sacré» et pourquoi la connotation qu'a prise le «sacré» à notre époque te met mal à l'aise. Mais justement, le mot «sacré» dans le judaïsme n'est pas un absolu, il est souvent lié à l'idée de «consacrer». Cela reprend tout à fait ce que tu dis à propos du protestantisme qui crée et recrée sans cesse, dans une vision proche de l'existentialisme. Le peuple juif est « sacré » dans la mesure où il sacralise ce qu'il décide de devenir. De ce point de vue, chaque groupe humain peut s'élire lui-même pour un certain rôle et s'y consacrer. Les personnes qui se consacrent à une mission sont « consacrées entre toutes les autres », *mikol haamim*, mais aussi « consacrées aux côtés de toutes les autres », *im kol haamim*. Edmond Fleg insiste sur la coopération entre tous les peuples, et l'élection est une invitation à la coopération. Il dit : « Lorsque, rendus dès longtemps aux fraternités des peuples, nous aurons fait avec toi, avec tous les hommes, sur toute la terre, toute la paix, dans toute la justice, alors, seulement, Éternel notre Dieu, roi du monde : assez pour nous[2] ! »

Rien n'est sacré en soi, tu as parfaitement raison, mais le judaïsme essaie de dire qu'à partir du moment où l'on consacre quelque chose, alors ce quelque chose devient sacré. Ce n'est pas « sacré » parce qu'on sera réduit en poussière par un éclair divin si on y touche ; mais parce que, lorsqu'on décide qu'une chose est « spéciale », alors c'est du sérieux. Je prends l'exemple du chabbat : le septième jour est spécial parce qu'on a décidé de le rendre spécial, ensemble, depuis toujours. C'est un effet de notre volonté. Et si, historiquement, on consacrait le chabbat avec du jus de pomme au lieu du vin, il serait tout aussi sacré. Le fait d'utiliser spécifiquement du vin pour le kiddouch est devenu normatif par la symbolique qui s'y rattache, et cette symbolique a créé un ancrage. Les bougies de chabbat sont

2. Texte retrouvé dans mes archives familiales.

sacrées parce que nous les avons consacrées. Toute l'ambiance du chabbat, sa saveur, découlent du fait qu'on l'associe systématiquement à un temps de détente, des nourritures délicieuses, une ambiance de respect.

Mais pourquoi *faut*-il allumer les bougies ? Pourquoi *faut*-il boire du vin ? Pourquoi *faut*-il mettre des franges aux quatre coins du talit ? Pourquoi ces gestes sont-ils si importants ? Parce que ces gestes, nous avons passé des siècles à les investir, ils sont donc devenus plus puissants que d'autres. Et il est de notre responsabilité d'utiliser toute la puissance dont on dispose pour devenir le meilleur de nous-même. Mais nous aurions pu faire d'autres gestes, chanter des chansons de Libby Roderick[3] en dansant dans des robes colorées pendant trois mille ans, et ce rituel aurait été aussi valable, aussi puissant. Ces protocoles sont très profonds dans la tradition juive, il ne s'agit pas de pirouettes pour contourner les dérives contemporaines dont tu parlais, Emmanuelle. Le Talmud en donne un exemple très parlant : lorsque les rabbins consacrent une date pour le jour de Kippour, même s'ils se sont trompés de jour, c'est cette date que l'on retiendra. Pourquoi ? Parce que la date tient son caractère sacré du fait que nous la consacrons ensemble. Yeshayahou Leibowitz l'exprime très bien :

> Je ne sais rien de l'âme et de l'esprit, mais je sais quelque chose à propos de l'être humain. L'humain n'appartient pas à la nature car il a une conscience

3. Chanteuse et activiste alaskienne.

> et une volonté. Dans la nature, il n'y a jamais ni conscience ni volonté. Du noyau de l'atome aux galaxies distantes de 15 billions d'années-lumière, il n'y a pas de conscience et pas de volonté. Mais en vous et en moi, il y a de la conscience et de la volonté[4].

C'est cette énergie du collectif qui est sacrée. De même que dans le mariage – *kidouchin* en hébreu, dérivé du mot *kadosh* –, on fait un choix, celui d'être ensemble dans une relation spéciale, à part, différente de tout le reste.

KAHINA : Tout ce que vous dites est très inspirant. La prudence dont tu fais preuve, Emmanuelle, face à l'usage inconsidéré du mot « sacré », fait résonner en moi, tu t'en doutes, ce que j'ai développé dans le chapitre précédent sur la lecture des textes. Pourtant, tu seras peut-être surprise, mais j'ai une idée très positive du sacré. Le sacré n'est pas du tout une notion si éloignée de moi qu'elle m'est totalement inaccessible, ou qu'il m'est interdit de l'approcher au risque d'être réduite en poussière par un éclair divin. La conception du sacré hors de moi, hors de l'humanité et de l'univers, m'est complètement étrangère. Pour moi, les choses deviennent sacrées à partir du moment où l'on a l'intention de leur porter atteinte. À partir de là, toute vie humaine, animale ou végétale, toute création de Dieu, devient sacrée. Si Dieu est la beauté absolue, tout ce qui

---

4. Joshua O. Haberman (dir.), *op. cit.*

émane de Lui est beau par essence. Une tentative de pervertir cette beauté génère, à mon sens, la notion de sacré. Pour le dire autrement, la sacralité est une qualité intrinsèque qui surgit lorsqu'on introduit la perversion dans le monde. Par conséquent, si l'on pousse cette logique, les choses deviennent sacrées parce qu'elles m'échappent, elles échappent à la volonté de puissance de l'être humain qui cherche à tout contrôler, tout s'approprier. Le sacré est, pour moi, l'injonction absolue au respect qui nous dit : « Non, il y a quelque chose au-dessus de toi, tout ne t'appartient pas. Tu n'es qu'un élément parmi les éléments de l'univers. »

L'homme n'est jamais plus éloigné du sacré que lorsqu'il se croit supérieurement intelligent, doté de superpouvoirs, capable finalement d'égaler Dieu, et donc de définir ce qui est sacré. En réalité, le sacré est partout, tout est sacré, parce que rien ne m'appartient, tout appartient à la puissance divine. Dans l'islam, Dieu n'est pas « séparé » de Sa Création, Il est entièrement solidaire de Sa Création, Il est présent en chaque chose et à chaque instant. C'est une différence fondamentale avec la conception du sacré que vous exposiez. Néanmoins, je fais une distinction entre l'essence divine et Dieu dans Son immanence, dans Son expression, dans laquelle il est présent par ses attributs. Selon la doctrine d'Ibn Arabî, les attributs divins sont des instances intermédiaires entre la pure essence divine et le monde manifesté ou créé. Je rejoins là l'idée d'unicité dont nous avons déjà parlé. Rompre l'unicité du monde, cette solidarité cosmique qui fait de l'être humain un élément parmi les autres, c'est rompre le sacré.

FLORIANE : Nous sommes d'accord sur les idées et pas sur les mots. Nous mettons des notions très différentes derrière le mot « sacré ». Ce que tu dis sur les limites, Kahina, est essentiel. Dans le Talmud, un midrash un peu tardif dit que l'on devrait toujours conserver sur soi deux petits mots, un dans chaque poche. Le premier : « Le monde a été créé uniquement pour moi », et le deuxième : « Je suis cendre et poussière ».

> Le saint Rabbi Bounam de Przysucha[5] a raconté : l'homme a besoin d'avoir deux poches, dans l'une « le monde a été créé pour moi », dans l'autre « je suis poussière et cendre », comme pour dire, quand sa conscience est abattue, qu'il est déçu de lui-même, alors il utilisera la poche de « le monde a été créé pour moi », et quand il a l'esprit orgueilleux, que sa conscience remue, alors il utilisera la poche de « je suis poussière et cendre » (Daf al hadaf Sanhedrin 37a).

C'est vrai que, lorsqu'on ressent cet élan de bonheur d'être entier avec soi-même, on peut se sentir extrêmement puissant, et se laisser enivrer par ce sentiment d'être unique. C'est le cas aussi lorsqu'on est ensemble, comme nous le sommes en ce moment toutes les trois. On peut se laisser bercer par l'idée que notre rencontre est spéciale et qu'elle nous rend spéciales. En réalité, n'importe quel groupe de

---

5. 1765 ou 1767-1827.

trois personnes qui s'autorise à penser et parler librement a accès à cette impression. Sans rien enlever au sacré de notre rencontre. Revendiquons cette possibilité et faisons-la exister !

EMMANUELLE : Nous aussi, nous avons repris ce midrash au cours du culte : « Tu es modelé avec la terre et en même temps Dieu t'a insufflé le souffle divin. » Donc, à la fois le souffle divin nous donne la force de poursuivre son œuvre, et la glèbe de la terre nous rappelle que nous ne sommes pas Dieu. Ces limites posées à la toute-puissance des humains sont très importantes. Merci de les avoir exposées.

KAHINA : Le paradoxe, c'est que, lorsqu'il est pris par le sentiment de toute-puissance, l'être humain sombre dans l'autocélébration, une forme d'idolâtrie de lui-même qui rompt avec l'idée d'unicité, ce que nos monothéismes récusent totalement.

EMMANUELLE : Le protestantisme est allé très loin dans son entreprise de désacralisation par peur de l'idolâtrie, peur d'idolâtrer des images, des objets, des personnes. Notre réaction à cette peur tient en ces mots : rien n'est sacré. Je voulais vous raconter une anecdote qui m'a été relatée par un de mes collègues. Au cours d'un séjour en Afrique, après plusieurs jours de voyage, il atteint enfin le petit village qu'il devait rejoindre. Les habitants n'ayant pas accueilli un pasteur depuis plusieurs mois, sa visite était très attendue. L'accueil est à la hauteur de l'événement. La communauté se réjouit de pouvoir célébrer la Cène avec son visiteur. Problème : comment trouver du pain et du vin en pleine brousse ? Je me souviens encore des larmes d'émotion qui perlaient au coin de ses yeux lorsqu'il m'expliquait avoir célébré la Sainte Cène avec du Coca-Cola et des petits-beurre. (Rires.) « J'ai pris conscience, me disait-il, qu'au-delà de la forme et des symboles, ce fut la Cène la plus émouvante qu'il m'ait été donné de vivre. »

FLORIANE : C'est une histoire vraiment touchante. En fait, je me rends compte que la notion de sacré est constamment menacée par deux risques majeurs : premièrement, *sursacraliser* le sacré, deuxièmement le *désacraliser*. Si on désacralise totalement, en effet, on se prive du pouvoir du symbole, et on laisse en friche les besoins émotionnels ou spirituels de l'être humain. Ces deux extrêmes représentent deux bornes entre lesquelles il faut naviguer les yeux grands ouverts.

KAHINA : Ces risques pour moi sont le fruit d'une volonté chez l'être humain de tout contrôler, et de s'arroger le droit de sacraliser ou de désacraliser la Création de Dieu. Voir le sacré partout établit finalement une forme de coresponsabilité entre l'homme et l'univers. Je deviens à la fois produit et acteur de mon environnement.

EMMANUELLE : Je crois que la définition des termes que l'on utilise est vraiment une question centrale. L'usage que l'on fait du mot « sacré » depuis le début de cette conversation n'est pas celui dont les gens ont l'habitude. Lorsqu'on entend dire : « Une fatwa a été lancée sur cette personne », les gens comprennent que la personne a porté atteinte au nom de Dieu ou du Prophète, heurtant ainsi la notion de sacré de telle ou telle communauté, et que pour cette raison-là elle doit être condamnée. Quand le film *La Dernière Tentation du Christ* est sorti en 1988, plusieurs attentats ont éclaté dans divers cinémas de France. Des chrétiens ont estimé que l'on portait atteinte à quelque chose de sacré, justifiant alors que des gens soient mis en danger de mort ! C'est pourquoi je ne peux pas utiliser le mot « sacré ». Si l'on veut dire du mal de ma foi, de mon Dieu ou de ma tradition, si l'on veut renverser le pain et le vin de la Cène, j'aurai de la peine, mais je passerai un coup de balai, je remettrai tout en ordre et je reprendrai à l'endroit où j'ai été interrompue.

KAHINA : Je crois que je ne suis pas du tout en accord avec ce que tu dis, Emmanuelle. Je ne comprends pas que l'on puisse lier le sacré à la mort. À mon sens, à partir du moment où l'on est prêt à tuer, on sort du sacré. Le sacré pour moi est synonyme de vie. Le sacré tel que tu viens de le décrire relève, à mon avis, de l'idolâtrie.

EMMANUELLE : Je suis bien d'accord avec toi, Kahina, mais je veux dire qu'aujourd'hui le mot « sacré » n'est pas utilisé dans ce sens-là.

KAHINA : Le sacré, c'est la vie. À l'opposé se tient l'idolâtrie. Lorsqu'on idolâtre un individu, un objet, ou que sais-je encore, on perd sa liberté. L'idolâtrie, c'est la désacralisation de soi-même, de sa conscience d'être humain libre et responsable. C'est la mort. Les conséquences finissent toujours par rejaillir à l'extérieur sur l'entourage et l'environnement. Au fond, le sacré, pour moi, libère l'être humain de son ego, ou de toute forme d'aliénation humaine, et nous permet justement d'éviter l'idolâtrie de nos envies, de nos désirs. Le sacré est ce qui nous amène à revenir à une forme d'humilité, pour dépasser notre condition d'être humain, et prendre conscience que quelque chose nous dépasse. À l'inverse, la perversion du sens du sacré peut conduire à vouloir donner la mort – peut être au nom du sacré, bien sûr, mais ce n'est pas du tout le sacré.

FLORIANE : Le raisonnement est valable dans les deux sens, concernant les risques de *désacralisation* et de *sursacralisation.* Souvent, lorsqu'on a une réaction émotionnelle disproportionnée, c'est le signe que quelque chose que l'on a sursacralisé a été touché. Attention, je ne dis pas que les réponses émotionnelles fortes sont forcément disproportionnées. En cas d'événement grave, il est important de réagir en conséquence. Mais lorsqu'une chose relativement anodine nous bouleverse, c'est le signe qu'on a un travail à faire sur nous-même. Voilà pourquoi il est essentiel de démystifier l'idée du sacré.

EMMANUELLE : Très belle formule ! Très protestante ! (Rires.) D'ailleurs, dans la Torah écrite, Dieu dit aux hommes de ne pas imiter les païens. Comme tu l'expliquais, Floriane, Dieu leur demande de renoncer à l'idolâtrie et aux sacrifices humains, parce que le sacré, c'est le respect de la vie.

FLORIANE : En fait, je réalise avec émotion que l'on peut retourner la proposition : le sacré, c'est ce qui compterait plus que ma vie, ce qui est tellement différent du reste que je ne pourrais pas faire de compromis. Si cette idée m'émeut, c'est parce que je tiens à ma vie et je ne sais pas si je parviendrais à trouver quoi que ce soit de préférable. Dans la tradition juive, n'importe quel commandement se transgresse s'il s'agit de respecter le commandement de protéger sa vie, à trois exceptions près : l'interdit du meurtre, l'interdit du viol et l'interdit de témoigner publiquement du contraire de ce que l'on pense (Talmud babylonien Sanhédrin 74a). On peut en conclure que, d'un point de vue juif, ces trois interdits sont sacrés.

KAHINA : C'est pareil pour un musulman : la vie passe avant n'importe quel interdit. S'il se trouve dans un endroit où il n'y a que du porc, le croyant doit en manger pour sauvegarder sa vie qui passe avant tout. Dans l'islam, la vie est un attribut divin. Le Vivant est un des noms de Dieu. Dieu est Celui qui a la vie éternelle, la vie absolue, celle vers laquelle nous irons tous un jour ou l'autre. Par là même, le sacré ne peut absolument pas être lié à la mort. Ce serait un non-sens car Dieu est le Vivant qui ne meurt jamais.

Épilogue

EMMANUELLE : C'est assez extraordinaire ce que nous avons vécu. J'ai appris énormément de choses, j'ai pris conscience de nombreux univers que j'ai envie de découvrir, de possibilités de dialoguer que j'ai envie d'approfondir.

À quoi tient la réussite de cette aventure ? J'ai participé dans le passé à des sessions de travail en groupes un peu similaires. Au bout du troisième jour, certains parmi nous finissaient par exploser – ce qui au fond n'a rien de surprenant, si bien que je me suis posé la question en arrivant ici : à quel moment l'une de nous trois va-t-elle partir en claquant la porte ? (Rires.) Et cela ne s'est pas produit ! Je pense que, si cette expérience nous laisse un tel sentiment de joie, c'est parce que chaque participante a eu à cœur de toujours rester attentive au rythme et aux besoins des autres, tout en donnant suffisamment de soi-même, dans une atmosphère dépourvue de toute compétition. Pour formuler les choses telles que je les ressens : j'ai l'impression d'avoir vécu les prémices du Royaume.

KAHINA : Nous avons choisi une démarche constructive, chacune a donné son maximum avec beaucoup de générosité, ce qui a rendu chaque journée à la fois éprouvante et satisfaisante. Un vrai moment de partage et d'enrichissement mutuel.

FLORIANE : Il me semble que, sans l'avoir prémédité, nous avons mis en pratique ce point essentiel que nous avons théorisé à plusieurs reprises cette semaine : un système dépourvu de toute hiérarchie, ce qui nous a permis d'accéder au sentiment de bonheur et de connexion que nous ressentons à présent. Reste une question à régler : le titre de ce livre !

KAHINA : C'est quoi, notre titre de travail ? « Des femmes et des dieux » ?

FLORIANE : Il sonne bien, c'est vrai. Mais il comporte deux mots indéfinissables pour moi. Premièrement, la « femme » n'existe pas. Simone de Beauvoir l'a dit : « On ne naît pas femme, on le devient. » En tant que personne, j'aimerais être définie par mes idées, mes accomplissements, mes choix, mes qualités et mes angles morts. Ces éléments sont-ils féminins ou masculins ? Peu importe. Je tiens à examiner chaque choix et chaque qualité pour ses mérites propres. De ce point de vue, il n'est pas du tout évident que je sois une « femme ». Deuxièmement, le mot « dieu » me gêne, d'une façon générale. La phrase que j'ai le plus entendue en tant que rabbin est « j'apprécie ce que vous faites mais je ne crois pas en Dieu, je voulais vous le dire honnêtement». Il faudrait croire en «dieu», mais cela même est une croyance! Elle n'est pas essentielle dans le judaïsme; ce qui compte avant tout, c'est l'étude et la pratique. La façon dont nous accordons un respect égal à notre prochain et notre prochaine. Parler de «dieu» d'un point de vue juif, je l'ai expliqué, c'est flirter dangereusement avec l'idolâtrie. Et puis un «dieu» qui aurait une réalité physique, corporelle, n'aurait pas grand intérêt. Par définition, «dieu» n'*existe* pas.

KAHINA: J'aime bien cette association de «femmes» et de «dieux». Je trouve qu'elle pose un regard nouveau sur beaucoup de choses, qui peuvent donner envie d'aller voir plus loin. Mais je regrette souvent que notre appartenance de genre prenne le dessus au point d'éclipser tout le reste, tout ce qui constitue notre humanité dans sa richesse. Ma seule réserve viendrait plutôt de l'utilisation du pluriel. «Des dieux», c'est un peu une aberration d'un point de vue monothéiste.

FLORIANE: Oui, c'est sûr. Sans compter que, si l'on admet l'existence d'un dieu, non seulement il serait unique, mais aussi il serait «le» ou «la» même pour nous trois. Cela dit, l'utilisation du pluriel a une vertu: reconnaître la multiplicité des façons d'aborder le divin. Un seul dieu, mais de nombreuses facettes.

EMMANUELLE: Il existe également une multiplicité de façons d'aborder le féminin. C'est beau, cela ouvre de nombreuses possibilités et n'enferme personne. Notre projet n'est pas d'être toujours d'accord en tant que femmes, ni en tant que ministres du culte. Nous assumons pleinement le fait d'être « d'accord de ne pas être d'accord ». J'entends bien tes réticences, Floriane, mais nous ne pouvons pas mettre trois titres à ce livre. (Rires.)

FLORIANE : C'est juste ! Et les mots sont simplement des mots, les lectrices et les lecteurs s'en inspireront librement. J'ai exprimé mes réserves sur « femmes » et sur « dieux », mais je n'en ai aucune pour les autres mots du titre. Trois sur cinq, c'est déjà pas mal… (Rires.)

KAHINA : C'est la majorité !

FLORIANE : Alors on le garde ?

KAHINA, EMMANUELLE : On le garde !

Glossaire

Aïd : littéralement, le mot *aïd* en arabe signifie « fête ». Il y a deux fêtes musulmanes dont l'appellation est composée en partie de ce mot : l'Aïd al-Adha, fête du sacrifice, et l'Aïd al-Fitr, fête de la rupture du jeûne.

Ancien Testament : première partie de la Bible chrétienne traduite de l'hébreu vers le grec et le latin puis le français. Certains disent « Première Alliance ».

Ashkénazes : le monde ashkénaze regroupe le judaïsme d'Europe centrale et d'Europe de l'Est. Très ancien, il prend une place particulière à partir du Xe siècle en rejoignant l'émancipation, dont il subit la contrepartie : ségrégation et assimilation. À partir du XIXe siècle, le judaïsme ashkénaze bénéficie avec gratitude de l'émancipation et des opportunités d'intégration citoyenne qu'elle renferme, tout en subissant une pression à l'assimilation et à la dilution de son identité. Il comptait 8,8 millions de Juifs avant la Seconde Guerre mondiale, dont presque 6 millions ont été assassinés lors de la Shoah.

Averroès : Ibn Rochd de Cordoue, plus connu en Occident sous le nom d'Averroès, est un philosophe, théologien, juriste et médecin musulman andalou de langue arabe du XIIe siècle, né en 1126 à Cordoue et mort en 1198 à Marrakech. Il a exercé les fonctions de grand cadi (juge suprême) à Séville et à Cordoue et de médecin privé des sultans almohades à Marrakech.

Bat-mitsva et **bar-mitsva** : ces termes qualifient les filles ou fils du commandement, c'est-à-dire les personnes juives qui atteignent l'âge de douze ou treize ans, et ont donc désormais voix au chapitre. Ils désignent aussi la fête célébrée à cette occasion, au cours de laquelle la jeune personne porte le talit et les téfilines pour la première fois, dirige un office, lit dans les rouleaux de la Torah et prononce un enseignement (dans les communautés orthodoxes ou consistoriales en France, les jeunes femmes ont un rôle moindre à cette occasion).

Berbères : groupe ethnique autochtone d'Afrique du Nord. Il y aurait de 28 à 38 millions de berbérophones en Afrique du Nord. Le nombre de Berbères ethniques (y compris non berbérophones) est beaucoup plus élevé, car beaucoup ne parlent plus le berbère, mais l'arabe maghrébin. La grande majorité de la population d'Afrique du Nord est d'origine berbère, bien qu'en raison de l'arabisation la majorité de la population du Maghreb se considère comme arabe. Les Berbères s'appellent eux-mêmes *Imazighen* (singulier : *Amazigh*), qui signifie « les hommes libres » ou « les hommes nobles ».

Cantique : nom donné aux chants de l'assemblée pendant le culte protestant ou catholique.

Casher : convenable. Cet adjectif est appliqué généralement à la nourriture : la nourriture casher est celle qui n'inclut pas d'aliments interdits, ne mélange pas le lait et la viande, n'admet que des viandes issues d'un abattage respectueux de l'animal et exclut la consommation du sang.

Catéchisme : chez les protestants et les catholiques, c'est à la fois la matière de la foi chrétienne et le temps particulier pendant lequel cette matière est enseignée aux enfants, aujourd'hui de manière ludique.

Chabbat : journée de fête hebdomadaire, commençant le vendredi, à la venue du soir, avec l'allumage de bougies pour dîner aux chandelles et une bénédiction sur un verre de vin. On célèbre la création du monde et la liberté, on n'y fait aucun travail servile ou créatif, on se consacre au chant, à la réflexion, à la lecture, aux personnes qu'on aime. Trois repas de fête ponctuent cette célébration.

Charia : du mot *chara'a* qui signifie en arabe la « voie », le « chemin ».

Chema Israël : un des textes centraux, énoncé en principe tous les matins et tous les soirs, qui rassemble trois passages de la Torah écrite (Deut. 16:4-9, Deut. 11:13-21 et

Nb. 15:37-41). Ces extraits sont également introduits dans les téfilines et dans la mézouza (boîtier que l'on fixe à l'entrée de la maison). Ces textes parlent de l'unité de la divinité, de l'importance de se souvenir de la sortie d'Égypte et de la liberté, de l'importance d'en parler au quotidien.

Commandements (en hébreu *Mitsvot*) : pratiques juives qui accompagnent le quotidien. Les Commandements trouvent leur source dans la Torah orale et parfois dans la Torah écrite. Ils sont discutés dans la Michna et le Talmud, puis dans tous les codes postérieurs qui prennent position sur leur évolution.

Conseil national de l'Église protestante unie : conseil de vingt personnes élues par le synode national de cette Église pour quatre ans, chargé de conduire les travaux et de prendre toutes décisions dont il rendra compte devant le synode.

Consistoire : le Consistoire central israélite de France est une institution créée en 1808 par Napoléon Ier, par symétrie avec les institutions catholiques et protestantes.

Coran : texte sacré de l'islam. Pour les musulmans, le Coran regroupe les paroles de Dieu, révélées par l'archange Gabriel au Prophète et messager de Dieu, Muhammad, « le loué », à partir de 610 jusqu'à sa mort en 632.

Culte : nom donné à l'office religieux protestant.

Église : communauté de personnes qui professent leur foi en Jésus-Christ.

Fâtiha : première sourate d'ouverture du Coran. « Au nom de Dieu, le Tout-Miséricordieux, le Très Miséricordieux. Louange à Dieu, Seigneur de l'univers, le Tout-Miséricordieux, le Très Miséricordieux. Maître du Jour de la redevance. C'est Toi que nous adorons, et c'est de Toi que nous sollicitons l'aide. Offre-nous la Voie qui requiert la rectitude, la Voie de ceux sur lesquels Tu as répandu Tes bienfaits, qui ne subissent pas le courroux ni ne s'égarent. »

Frères musulmans : la Société des Frères musulmans, abrégée en Frères musulmans, est une organisation transnationale islamiste fondée en 1928 par Hassan al-Banna en Égypte. Composée d'un appareil militaire et d'une organisation politique, son objectif officiel est la renaissance islamique et la lutte non violente contre « l'emprise laïque occidentale » et « l'imitation aveugle du modèle européen » en terre d'islam. Cette organisation panislamiste est officiellement considérée comme organisation terroriste dans plusieurs pays, y compris l'Égypte.

Haftara : la haftara est un extrait d'un des Livres des Prophètes (qui constituent la deuxième des trois sections de la Bible, avec le Pentateuque et les Écrits), lu au cours des offices de chabbat et de certaines fêtes juives.

Imam·e : du mot arabe *amâm*, qui signifie « devant » ; il désigne donc, dans le culte musulman, la personne qui se tient devant pour guider la prière collective.

Kabylie : région berbérophone située dans le nord de l'Algérie.

Kiddouch : pratique consistant à chanter un texte en tenant une coupe de vin, qui est ensuite partagée entre tous les participants. Elle marque le début de toutes les fêtes majeures du judaïsme et en particulier du chabbat (*voir ce mot*). Le texte lu comprend un extrait de la Torah relatif à la fête. On se réjouit de l'existence du vin et de l'existence de temps spéciaux.

Kippour : jour de fête pour les juifs, où l'on tourne définitivement la page de l'année passée pour s'inscrire dans un meilleur projet de vie, où l'on fait le bilan annuel. On y pratique l'introspection, la prière et l'engagement pour plus de justice sociale, et on jeûne pendant toute la journée (sauf problème médical) avant de conclure par un repas de fête.

Libéral (mouvement) : il constitue l'attitude la plus adaptative pour réagir au choc de l'émancipation des juifs au XIXe siècle, dans un contexte d'assimilation et de perte de l'identité juive au sein du monde ashkénaze, c'est-à-dire l'Allemagne et l'Europe centrale, puis la France.

Maïmonide : rabbin séfarade né à Cordouc en 1138 et décédé à Fostat (Égypte) en 1204, ce philosophe, métaphysicien, théologien et médecin entreprend comme son contemporain Averroès une synthèse entre la Révélation et la vérité scientifique, représentée à son époque par l'aristotélisme du philosophe arabe al-Fârâbî. Il est aussi considéré comme l'une des plus éminentes autorités rabbiniques du Moyen Âge.

Massorti (mouvement) : cet adjectif signifie « traditionnel » en hébreu et désigne, parmi les courants nés en Europe au milieu du XIXe siècle, l'intermédiaire entre l'orthodoxie et le libéralisme. Comme le mouvement libéral, il s'appuie sur une vision historico-critique des sources.

Matsa : pain non levé consommé pendant la fête de Pâque (*voir Pessah*), qui évoque le « pain de misère » que consommaient les enfants d'Israël, c'est-à-dire le peuple hébreu, au moment de la sortie d'Égypte.

Michna : première strate de la rédaction, au IIe siècle, d'éléments de la Torah orale. La Michna comprend des opinions de rabbins sur les pratiques à suivre, l'exposé de désaccords entre eux, des histoires et des versets de la Torah écrite utilisés pour faire avancer les débats.

Midrash : textuellement, « qui vient de l'interpellation ». La Torah écrite présente parfois des incohérences ou des contradictions. Les midrashim sont des histoires créées pour les compenser. On en trouve dans le Talmud et dans d'autres recueils.

Mosquée : lieu de culte où se rassemblent les musulmans pour les prières collectives. Au-delà de sa fonction cultuelle, c'est aussi une institution sociale et éducative : elle peut comporter une école, une bibliothèque, un centre de formation, et même quelquefois une université. En arabe, *masjid* vient du mot *sajada* qui signifie « prosternation ».

Nouveau Testament : deuxième partie de la Bible chrétienne, composée des vingt-sept textes écrits après la mort et la résurrection de Jésus-Christ.

Orthodoxe : dans le monde juif, cet adjectif qualifie les mouvances ayant adopté une attitude de repli face aux crises d'assimilation qui ont suivi l'émancipation. Elles se déploient aujourd'hui sur un éventail très vaste allant de l'orthodoxie égalitaire femmes-hommes à l'ultra-orthodoxie en vase clos observée dans certains quartiers.

Paroisse : ensemble des personnes se retrouvant au culte ou lors des activités proposées dans un lieu donné. En protestantisme, on parle plutôt d'« Église locale » ou de « communauté ».

Pasteur·e : ministre du culte protestant. Le pasteur ou la pasteure est responsable de la paroisse (ou Église locale, ou communauté), avec le conseil presbytéral (ou conseil de paroisse). Il ou elle a particulièrement en charge la conduite du culte et la prédication, la formation des membres de l'Église, l'accompagnement des personnes et l'unité de l'Église. Dans l'Église protestante unie de France, le ou la pasteur·e doit être titulaire d'un master en théologie protestante et agréé·e par la Commission des ministères de l'Église.

Pentateuque : nom donné aux cinq premiers livres de la Bible hébraïque (Genèse, Exode, Lévitique, Nombres, Deutéronome).

Pessah (Pâque juive) : fête de printemps, qui célèbre la liberté en invitant à revivre la libération d'Égypte racontée dans la Torah. On y mange de la *matsa* (*voir ce mot*), on y pose de nombreuses questions, en particulier le premier soir, qui est l'occasion d'un rassemblement familial très suivi.

Prophètes (Livres des) : deuxième section de la Bible. Les premiers prennent la suite du Pentateuque (*voir ce mot*) en racontant l'installation des enfants d'Israël en terre de Canaan, puis leur exil ; les suivants sont des recueils de discours de remontrances et d'encouragements tenus par les Prophètes pour plus de justice.

Protestantisme : l'une des branches du christianisme, issue de la Réforme protestante du XVIe siècle. Au sein du protestantisme, de nombreuses Églises différentes ont vu le jour (luthérienne, presbytérienne, réformée, baptiste, méthodiste, évangélique, pentecôtiste…). À l'origine, les réformateurs protestaient contre les orientations de l'Église catholique, soutenant que la Bible doit être la seule autorité en matière de foi, et non la tradition de l'Église.

Psaumes : cent cinquante prières-poèmes qui appartiennent aux Livres poétiques de la Bible. Des indications y sont données concernant les musiques sur lesquelles ces poèmes devaient être chantés, mais qui ne sont pas parvenues jusqu'à nous. Au fil des siècles, toutes les Églises chrétiennes ont repris ces poèmes pour les mettre en musique.

Rabbin : en hébreu *rav*, féminin *rabba*. Personne dont les études et les compétences ont été reconnues par ses pair. es à travers une ordination. La connaissance de la tradition (pensée, pratique, littérature, histoire) est essentielle, la connaissance des sagesses non juives l'est également (sciences, sciences humaines). Le mot « rabbine » est intéressant mais ambigu, car il est parfois utilisé pour désigner l'épouse d'un rabbin. L'ordination rabbinique pour les femmes est actuellement pratiquée par les libéraux, les massorti (Europe, Amérique, Israël) et certains orthodoxes (États-Unis, Israël).

Réforme protestante : *voir Protestantisme.*

Séfarades : le judaïsme séfarade s'est développé en Espagne, au Portugal, puis dans les pays où se sont réfugiés les Juifs après l'Inquisition, en particulier en Afrique du Nord. Épargné par le choc de l'émancipation, il est longtemps resté souple dans son application de la tradition, échappant à la polarisation judaïsme libéral/judaïsme orthodoxe.

Soufisme : dimension mystique de l'islam visant la « purification de l'âme » et le cheminement spirituel pour « se rapprocher » de Dieu. Il s'agit d'une voie d'élévation spirituelle par le biais d'une initiation menée parfois dans une confrérie. Le soufisme trouve ses fondements dans la révélation coranique et dans l'exemple du Prophète Muhammad.

Synagogue : mot issu du grec qui reprend l'idée de « maison du rassemblement », *bet knesset* en hébreu. C'est le lieu où l'on se rassemble pour prier, mais aussi pour des temps d'étude et de convivialité.

Talmud : deuxième strate de rédaction de la Torah orale aux IVe (Talmud de Jérusalem) et VIe siècles (Talmud de Babylone), sous forme de commentaires de la Michna (*voir ce mot*).

Temple protestant : en France, sans doute par opposition au catholicisme, certains protestants utilisent le mot « temple » pour désigner le lieu de culte de la communauté, au lieu de parler d'église.

Temple de Jérusalem : Dans la tradition juive, le Temple désigne le lieu de rassemblement à Jérusalem. Les prêtres y accueillaient les pèlerins et leurs offrandes, apportées à l'occasion des fêtes ou quotidiennement, dans les moments de joie ou de regret. Le Premier Temple a été construit par le roi Salomon et détruit par Nabuchodonosor le Babylonien en –586. Le Deuxième Temple a été construit soixante-dix ans plus tard et détruit par Titus le Romain. Ces destructions ont bouleversé le judaïsme de l'époque et conduit à une restructuration complète, autour des synagogues et de l'étude. Les juifs du monde entier se tournent encore vers le Temple pour les temps de prière et appellent de leurs vœux la construction d'un Troisième Temple, symbole d'unité et de paix entre tous les peuples.

Torah écrite : Torah signifie « enseignement ». Ce terme renvoie premièrement à la Torah écrite, c'est-à-dire aux cinq livres du Pentateuque (*voir ce mot*). Elle est lue dans des rouleaux de parchemin trois jours par semaine. Cette Torah écrite est indissociable de la Torah orale, qui regroupe tous les commentaires, lois, histoires transmis par les rabbins.

Torah orale : la Torah orale aurait dû continuer à se transmettre uniquement verbalement, mais les dispersions et les persécutions mettaient en péril sa transmission. Elle a donc fait l'objet de rédactions officielles, en particulier la Michna et le Talmud (*voir ces termes*).

Bibliographie sélective

AMIR-MOEZZI Mohammad Ali et LORY Pierre, *Petite histoire de l'islam*, Librio, 2018.

BENMAKHLOUF Ali, *Pourquoi lire les philosophes arabes*, Albin Michel, 2015.

BENZINE Rachid, *Les Nouveaux Penseurs de l'islam*, Albin Michel, 2004.

Une Bible des femmes (Élisabeth PARMENTIER, Pierrette DAVIAU, Lauriane SAVOY, dir.), Labor et Fides, 2018.

BREGMAN Rutger, *Utopies réalistes*, Seuil, 2017.

CHAUVEL Geneviève, *Aïcha, la bien-aimée du Prophète*, Le Livre de Poche, 2009.

Dictionnaire encyclopédique du judaïsme (Wigoder Geoffrey, dir., Sylvie Anne Goldberg, adaptation), Robert Laffont, 1996.

ESTES Clarissa Pinkola, *Femmes qui courent avec les loups. Histoires et mythes de l'archétype de la femme sauvage*, Grasset, 1996.

FRANKEL Ellen, *Five Books Of Miriam. A Woman's Commentary on the Torah*, Harper Collins, 1998.

GEOFFROY Éric, *Allah au féminin*, Albin Michel, 2020.

—, *L'islam sera spirituel ou ne sera plus*, Seuil, 2009.

—, *Le Soufisme, voie intérieure de l'islam,* Seuil, 2009.

Ibn Arabî (introduction, traduction et notes de Maurice Gloton), *Traité de l'amour*, Albin Michel, 1986.

Lamrabet Asma, *Islam et femmes. Les questions qui fâchent*, Folio essais, 2018.

Marie au regard de l'islam (Mustapha Cherif, dir.), Albouraq, 2016.

Marongiu-Perria Omero, *Rouvrir les portes de l'Islam*, Atlande, 2017.

Miller Alice, *C'est pour ton bien. Racines de la violence dans l'éducation de l'enfant*, Champs Essais, 1981.

Moltmann Jürgen, *De commencements en recommencements*, Éditions Empreinte temps présent, 2012.

Nur Artiran Hayat, *Rûmî. L'Épreuve de l'amour* (traduction de Levent Kiliç), Bayard, 2020.

Pedotti Christine, *Jésus, l'homme qui préférait les femmes*, Albin Michel, 2018.

Rosenberg Marshall, *Les mots sont des fenêtres (ou bien ce sont des murs). Initiation à la Communication NonViolente*, La Découverte, 2014.

Starhawk, *Quel monde voulons-nous ?*, Cambourakis, 2019.

Szlakmann Charles, *Le Judaïsme pour débutants*, La Découverte Poche, 2006.

À propos des traductions des textes cités dans l'ouvrage

Tous les extraits des textes bibliques cités par Emmanuelle Seyboldt sont tirés de la Nouvelle Bible Segond, édition d'étude, sous la direction de Henri Blocher, Jean-Claude Dubs, Mario Echtler et Jean-Claude Verrechia, coordination Didier Fougeras © Société biblique française – Bibli'O, 2002, avec autorisation. La responsabilité de la Société biblique française – Bibli'O est engagée uniquement sur les textes cités dans cet ouvrage.

Tous les extraits de la Torah orale et de la Torah écrite cités ont été traduits de l'hébreu par Floriane Chinsky, sauf certains passages de la Torah écrite. Ces derniers sont des traductions tirées de la Bible du Rabbinat.

Tous les extraits des traductions du Coran cités par Kahina Bahloul ont été traduits de l'arabe par l'autrice elle-même.

Table

Vous pouvez écrire aux autrices à l'adresse suivante :
desfemmesetdesdieux@arenes.fr

Pour en savoir plus sur Kahina Bahloul et La Mosquée Fatima :
lamosqueefatima.wordpress.com

Pour en savoir plus sur Floriane Chinsky :
rabbinchinsky.fr

Pour en savoir plus sur Emmanuelle Seyboldt
et l'Église protestante unie :
eglise-protestante-unie.fr

L'EXEMPLAIRE QUE VOUS TENEZ ENTRE LES MAINS
A ÉTÉ RENDU POSSIBLE GRÂCE AU TRAVAIL DE TOUTE UNE ÉQUIPE.

COUVERTURE : Éric Pillault
RÉVISION : Thérèse-Marie Mahé, Isabelle Paccalet
et Vladimir Sichler
MISE EN PAGE : Soft Office
PHOTOGRAVURE : Axiome
FABRICATION : Maude Sapin et Lucie Le Bon
COMMERCIAL ET MARKETING : Pierre Bottura
RELATIONS LIBRAIRES : Jean-Baptiste Noailhat et Damien Nassar
PRESSE ET COMMUNICATION : Jérôme Lambert avec Axelle Vergeade
LES ARÈNES DU SAVOIR : Pierre Bottura avec
Marc Blactot, Laura Darmon, Adèle Hybre,
Guillaume Lollier et Clémentine Malgras

RUE JACOB DIFFUSION : Élise Lacaze (direction), Katia Berry
(grand Sud-Est), François-Marie Bironneau (Nord et Est),
Charlotte Jeunesse (Paris et région parisienne), Christelle Guilleminot
(grand Sud-Ouest), Laure Sagot (grand Ouest), Diane Maretheu
(coordination), Charlotte Knibiehly (ventes directes)
et Camille Saunier (librairies spécialisées)

DISTRIBUTION : Interforum

DROITS FRANCE ET JURIDIQUE : Geoffroy Fauchier-Magnan
DROITS ÉTRANGERS : Sophie Langlais
ACCUEIL ET LIBRAIRIE : Laurence Zarra
ANIMATION : Sophie Quetteville
ENVOIS AUX JOURNALISTES ET LIBRAIRES : Vidal Ruiz Martinez
COMPTABILITÉ ET DROITS D'AUTEUR : Christelle Lemonnier,
Camille Breynaert et Christine Blaise
SERVICES GÉNÉRAUX : Isadora Monteiro Dos Reis

L'ensemble de cet ouvrage a été réalisé dans le respect
des règles environnementales en vigueur. Il a été imprimé
par un imprimeur certifié Imprim'vert, sur du Lac 2000 PEFC
pour l'intérieur et une carte Metsäboard PEFC pour la couverture.

Achevé d'imprimer sur les presses de l'imprimerie Normandie Roto s.a.s.
à Lonrai (Orne) en novembre 2021.

ISBN : 979-10-375-0521-7

N° d'impression : 2106006

Dépôt légal : Octobre 2021